学诗可以情飞扬、志高昂、人灵秀。

——引自 2013 年 3 月 7 日习近平在中央党校建校 80 周年大会上的讲话

古诗词分级阅读丛书

中华最美古诗词360首

（八级）

学术顾问：周笃文
书名题字：陈洪武
主　　编：刘锦文　康守永
副 主 编：王汉文　王艳芬　乔　维　满在莉
本册编委：（以姓氏笔画为序）
马振霞　马莲芳　王小霞　王君莉　王瑞祥　朱永霞
刘　军　刘思国　刘　霞　师　文　贠彩娥　李巧艳
李　波　李　莉　李　彬　杨运迪　杨蕊蓉　何凤婷
汪慧玲　宋　伟　张　茜　张　蓉　张　薇　武政委
林新杰　赵经科　侯　娇　耿春艳　高海强　黄　莉
韩士周　韩君如　臧广全　戴宏辉

艺术总监：李有来　许龙江　吴川淮
插画提供：《中国书画》杂志社
平台支持：全国中小学教师继续教育网

西安出版社

图书在版编目（CIP）数据

中华最美古诗词 360 首. 八级 / 刘锦文、康守永主编. —西安： 西安出版社，2018.12（2023.4 重印）

ISBN 978-7-5541-3222-7

Ⅰ. ①中… Ⅱ. ①刘… ②康… Ⅲ. ①古典诗歌—中国—初中—教学参考资料 Ⅳ. ①G634.303

中国版本图书馆 CIP 数据核字（2018）第 159276 号

中华最美古诗词 360 首（八级）

主　　编：刘锦文　康守永
出版发行：西安出版社
社　　址：西安市雁塔区雁南五路1868号曲江影视大厦11层
电　　话：（029）85253740
邮政编码：710061
网　　址：www.xacbs.com
印　　刷：天津图文方嘉印刷有限公司
开　　本：787mm×1092 mm　1/20
印　　张：10
字　　数：199 千
版　　次：2018 年 12 月第 1 版
2023 年 4 月第 2 次印刷
书　　号：ISBN 978-7-5541-3222-7
定　　价：39.80 元

△本书如有缺页、误装，请寄回另换。

邮购电话：（010）88113200

序

中国诗歌发轫于上古，波澜相接，汇为浩浩之诗海，气势磅礴，穿越万古时空依旧光辉不减，其历史之久远，底蕴之深厚，数量之巨大，品质之超然，震撼之强烈，流传之广阔，影响之深远，在世界文明史上都是举世无双的。

俨然一角灵犀影，焕出诗家万丈虹。在这个国度里，无数诗词巨星，用自己充满高情大爱与奇思的旷世名篇，将汉语言文字特有的声情意象之美发挥到了出神入化的地步，声律优美，意境如画，使人见字生感，闻声动情，从帝王将相到渔父耕夫，无不喜闻乐诵、目醉心迷，诗词成了人们文化生活的首选乃至潜意识存在，在塑造民族性格、凝铸民族精神方面发挥着神工伟力，诗化的中华民族因此历劫不衰，保持着盎然勃发的生命力。古诗词所蕴含的美育力量渗透进了中华文化的各个方面，使其当之无愧地成为中华文化的灵魂、民族的血脉、精神的家园。

诗主性灵，重高节。就个人成长而言，诗词是陶冶性灵、涵养气质、提升审美品位不可替代的载体，对促进智力的发展、创新才能的焕发、自由精神的培育、贤德君子形象的塑造具有极为重要的价值。

以诗词之美弘扬国学、教化人生是每一个文化和教育工作者的义务和使命。正如近平同志在北师大教师节座谈会上说的，“应该把这些经典嵌在学生脑子里，成为中华民族文化的基因”，希望全社会积极承担起激活传统的历史责任，推陈出新，利用各种载体，将传统中华诗歌文化传承下去，让中华诗词在传承中焕发出内生的动力和新的光彩。

周笃文

2018 年 9 月 8 日于北京

周笃文：字晓川，1934 年生，湖南汨罗人，国务院表彰的特殊贡献专家，著名诗词家和宋词研究专家，中华诗词学会和中国韵文学会的创始人之一，历任中国韵文学会常务理事、中华诗词学会副会长兼秘书长、中华诗词编著中心总编辑，原中国新闻学院教授，中外文化研究所所长。已发表诗词近千首，出版各类诗词专集、选集、研究赏析著作十余种，主要著作有《全宋词评注》十卷、《宋词》《宋百家词选》《金元明清词》《华夏之歌》《经典宋词百家解说》《珍藏本宋词》《影珠书屋吟稿》《婉约词典评》《豪放词典评》《中外文化辞典》等，在古典诗词学界享有盛誉。

目　　录

引　言

走进缤纷律动的夏日荷塘，听鸟儿欢叫、蛙声悠扬；拾级黄叶漫染的金秋山冈，听泉水流淌、情歌回响；登上月辉静沐的西楼画舫，听钟磬和鸣、宫商绕梁……这些，都是中华古诗词里的寻常意象。

泛黄的史册里，从王侯将相到黎民百姓，无论贵贱，或雅或风，你来我往，游弋在诗词的海洋，抚琴摇橹，浅吟低唱；从文人雅士到野夫游侠，不分老少，或兴或比，前呼后拥，徜徉在花园曲榭，举杯邀月，高歌豪放……

让我们洗耳恭听——听孔丘弦歌，屈子骚伤……

悠远的古道上，一代汉将剑指云天，驰骋边关，倾情演绎着烈士洒血的铿锵；萧瑟的西风中，几个宋臣骑着瘦马，来去回还，奋力弹奏着战马嘶鸣的悲怆；拍岸的惊涛里，风流人物驾着小船，驱风逐雾，镇定挥洒着强虏烟灭的雄壮；凌空的高阁下，绝代诗圣舒展衣袖，轻提缓按，自如书写着鬼神惊泣的华章。

蓦然回首，有位佳人，在水中央，巧笑倩兮，美目盼兮，令人心驰神往。

让我们走进中华最美古诗词，看郑姬进殿、汉娥离宫，邂逅花妒神赞、鱼沉燕落之天香；看唐妃起舞、宋娘登楼，温暖别易聚难、怀歇肠断之悲凉。

“江山代有才人出，各领风骚数百年”，从汉魏风骨到盛唐气象，斗转星移，诗家辈出，诗品日新，诗潮迭起，诗风浩荡。

王朝虽更迭，诗魂却永驻。诗词流淌在中国人的血液里，成了中华民族不朽的文化基因。让我们再上高楼，以饱满的人文底蕴，拥抱明日的辉煌。

[清]　黄慎　《二老图卷》

扫一扫，听朗读

龟虽寿

［汉］曹　操

神龟[1]虽寿，犹有竟时。
腾蛇[2]乘雾，终为土灰。
老骥[3]伏枥[4]，志在千里。
烈士[5]暮年，壮心不已。
盈缩[6]之期，不但在天。
养怡[7]之福，可得永年[8]。
幸甚至哉！歌以咏志[9]。

注释

①神龟：传说中的通灵之龟，能活几千岁。

②腾蛇：传说中龙的一种，能乘云雾升天。

③骥：良马，千里马。

④枥：马槽。

⑤烈士：有远大抱负的男子。

⑥盈缩：原指人的寿星的长短变化，现指人寿命的长短。盈，满，引申为长。缩，亏，引申为短。

⑦养怡：指调养身心，保持身心健康。

⑧永年：长寿，活得长。

⑨幸甚至哉，歌以咏志：真是幸运极了，用歌唱来表达自己的思想感情吧。

古诗今读

神龟的寿命虽然很长久，但也有生命终结的时候。

腾蛇尽管能乘雾飞行，终究也会死亡化为土灰。

年迈的千里马躺在马棚里，它的雄心壮志依然是一日要驰骋千里。

有远大抱负的人士到了晚年，奋发思进的雄心是不会停止的。

人寿命的长短，不只是由上天决定的。

只要自己调养好身心，也可以益寿延年。

真是幸运极了，我用这首诗歌来表达思想感情吧！

赏析要点

这是一首诗人对生活的真切体验的哲理诗，哲理与诗情又是通过具体形象表现出来的，因而述理、明志、抒情在具体的艺术形象中实现了完美的结合。

“神龟虽寿，犹有竟时。腾蛇乘雾，终为土灰。”《庄子·秋水篇》说：“吾闻楚有神龟，死已三千岁矣。”曹操反其意而用之，说神龟纵活三千年，可还是难免一死呀！“腾蛇”和龙一样能够乘云驾雾，本领可谓大矣！然而，一旦云消雾散，就和苍蝇蚂蚁一样，灰飞烟灭了！曹操借神龟和腾蛇两个形象表达了对生命的自然规律清醒的认知：生死存亡是不可违背的规律。如何对待这有限的人生？曹操并不悲观沮丧，慷慨激昂地在下面四句中做了解答。

“老骥伏枥，志在千里，烈士暮年，壮心不已。”曹操运用比喻，自比一匹上了年纪的千里马，虽然形老体衰，屈居枥下，但胸中仍然激荡着驰骋千里的豪情。写此诗时，曹操已经 53 岁，但不因暮年而消沉，依然渴望建功立业，表达了他统一革新的壮心至老不衰，大有吞吐宇宙之势。

“盈缩之期，不但在天；养怡之福，可得永年。”曹操对人生的看法很超前，他首先讲要尊重自然规律，人总是要死的；但在有限的生命里，要充分发挥自己的主观能动性，去积极进取，建功立业。“养怡之福”，不是指无所事事，而是说一个人精神状态是最重要的，要保持思想上的青春，不因年暮而消沉。曹操以切身体验揭示了人的精神因素对健康的重要意义，心态很重要。这几句诗歌抒发了诗人不甘衰老、不信天命、奋斗不息、对伟大理想的追求永不停止的壮志豪情。

全诗跌宕起伏，又机理缜密，闪耀出哲理的智慧之光，迸发出奋进之情，振响着乐观之声。

作者掠影

曹操（155～220），东汉末年杰出的政治家、军事家、文学家、书法家，三国中曹魏政权的奠基人。字孟德，一名吉利，小字阿瞒，沛国谯县（今安徽亳州）人。曹操曾担任东汉丞相，后加封魏王，奠定了曹魏立国的基础。去世后谥号为武王。其子曹丕称帝后，追尊为武皇帝，庙号太祖。

东汉末年，天下大乱，曹操以汉天子的名义征讨四方，统一了中国北方，并实行一系列政策恢复经济生产和社会秩序，扩大屯田、兴修水利、奖励农桑、重视手工业、安置流亡人口、实行“租调制”，从而使中原社会渐趋稳定，经济出现转机。在曹操统治下，政治渐见清明，经济逐步恢复。

曹操军事上精通兵法，重贤爱才，为此不惜一切代价将看中的人才收于麾下；生活上善诗歌，抒发自己的政治抱负，并反映汉末人民的苦难生活；散文亦清隽整洁，开启并繁荣了建安文学，给后人留下了宝贵的精神财富。

延伸阅读

曹操和毛泽东的相似之处

曹操和毛泽东有很多相似之处，他们都具有帝王之才，堪称真英雄。汉朝末年，曹操挟天子以令诸侯，他西杀南征，广聚良才，有勇有谋，很是超群，是三国中曹魏政权的奠基人。曹操曾担任东汉丞相，后加封魏王，奠定了曹魏立国的基础。其子曹丕称帝后，追尊为武皇帝，庙号太祖。小说《三国演义》作者是从刘汉江山的角度把曹操塑造为枭雄，其实历史上他是真正的英雄，对汉末社会的稳定有一定的作用。而毛泽东是无产阶级革命家、战略家和理论家，是中国共产党、中国人民解放军和中华人民共和国的主要缔造者和领导人。他让中国人民站了起来，让中国屹立于世界之林，是二十世纪世界上最具影响力的人物之一。在三国群雄之中，毛泽东最崇拜的是曹操。现在不少人替曹操说好话，也是毛泽东为其“翻案”的结果。毛泽东喜欢曹操，估计就是这英雄相惜的缘故吧。

曹操和毛泽东在诗赋上都俱佳，并且都是意境壮阔。曹操善诗歌，抒发自己的政治抱负，并反映汉末人民的苦难生活，气魄雄伟，意境开阔，慷慨悲凉；散文亦清隽整洁，开启并繁荣了建安文学，给后人留下了宝贵的精神财富。“日月之行，若出其中；星汉灿烂，若出其里。”读来激情澎湃。鲁迅评价其为“改造文章的祖师。”毛泽东不仅是伟大的革命家、政治家，也是独树一帜的大诗人。两种身份相互重叠、两种气质相互渗透，使他的诗作具有了一种前无古人、独步峰巅的大美意象——豪迈乐观，气象雄伟。“问苍茫大地，谁主沉浮？”“数风流人物，还看今朝。”诵读这样的词句真是大气磅礴，热血沸腾。毛泽东诗词是中国文化的瑰宝，诗歌史上的丰碑，郭沫若誉为“泰山北斗”。

毛泽东诗词是曹操诗歌的发展和革新。毛泽东评价曹操：“诗歌雄浑大气，慷慨激昂，刚健清新，不愧为一个胸怀大略，有勇有谋的政治家、军事家。”还在他的诗《浪淘沙·北戴河》里面这样写道“魏武挥鞭，东临碣石有遗篇。”可见毛泽东对曹操其人不仅十分崇拜和仰望，更是肯定了曹诗在文学史上的地位和作用。

曹操和毛泽东，他们在人类历史上影响了一代又一代人，从文学到精神！

考试链接

1. 下列对《龟虽寿》鉴赏不正确的是（　　）

A. 这是一首抒发人生感慨的咏志诗。作者以神龟、腾蛇、老骥为喻，表明宇宙万物有生必有死，是自然的规律，人应该利用有限之年，建功立业，始终保持昂扬乐观的积极进取的精神。

B. “神龟虽寿，犹有竟时；腾蛇乘雾，终为土灰。”是全诗的核心。要求自己利用这短暂的生命建功立业，不要虚度一生。

C. “志在千里”中的“志”就是要统一全国。作者认为统一全国是符合历史的需要，决心为此奋斗终生。“老骥伏枥”“烈士暮年”“壮心不已”都是后人常用以励志之语。

D. “盈缩之期，不但在天；养怡之福，可得永年。”这四句呼应诗的开头，在承认寿命有限这一客观事实的前提下，强调发挥人的主观作用，反映了诗人的积极进取的人生态度。

2. 赏析“老骥伏枥，志在千里。烈士暮年，壮心不已”。

3. 这是一首抒怀言志、富有人生哲理的诗，全诗抒发作者什么样的思想感情？

编注者：何凤婷

【参考答案】

1. B　题目的要求是赏析有误的一项，万不可理解成正确的一项。再看 B 项所言，这几句不是全诗的核心，是曹操对生命的自然规律的认识。
2. 这句诗用比喻修辞写出曹操虽然到了晚年，但有志干一番事业的豪情壮志。
3. 抒发了作者达观、积极的人生态度和自强不息的奋斗精神，表现了作者不甘衰老和寿命不全由天决定，主观努力也起作用的积极奋发的思想感情。

[清]　石涛　《长干图卷》

庭中有奇树

《古诗十九首》

扫一扫，听朗读

庭中有奇树①，绿叶发华滋②。
攀条折其荣③，将以遗④所思。
馨香⑤盈⑥怀袖，路远莫致⑦之。
此物何足贵⑧，但感⑨别经时⑩。

注释

①奇树：犹“嘉木”，佳美的树木。

②发华（huā）滋：花开繁盛。华，同“花”。滋，繁盛。

③荣：犹“花”。古代称草本植物的花为“华”，称木本植物的花为“荣”。

④遗（wèi）：赠送，赠予。

⑤馨（xīn）香：香气。

⑥盈：充盈，充积。

⑦致：送到。

⑧贵：珍贵。一作“贡”。

⑨感：感受，感动。

⑩别经时：离别之后所经历的时光。

古诗今读

庭院里有一株珍稀的树，在满树绿叶的衬托下开了茂密的花朵，显得格外生气勃勃，春意盎然。

我攀着枝条，折下了最好看的一串树花，要把它赠送给日夜思念的亲人。

花的香气染满了我的衣襟和衣袖，天遥地远，花不可能送到亲人的手中。只是痴痴地手执着花儿，久久地站在树下，听任香气充满怀袖而无可奈何。

这花有什么珍贵呢，只是因为别离太久，想借着花儿表达怀念之情罢了。

赏析要点

这首诗写一个妇女对远行的丈夫的深切怀念之情。由树及叶，由叶及花，由花及采，由采及送，由送及思。全诗八句，可分作两个层次，每四句为一个层次。

前两句诗“攀条折其荣，将以遗所思。”描绘了这样一幅图景：在春天的庭院里，有一株嘉美的树，在满树绿叶的衬托下，开出了茂密的花朵，显得格外生气勃勃。这是环境描写，写出了春意盎然的景象。但首句中的“庭中”就暗示了这里的景色不是大自然中的，而是深闺中的，是一首表现思妇的闺怨诗。

于是，思妇就出场了：“攀条折其荣，将以遗所思。”思妇面对这繁花似锦的景象，忍不住攀着枝条，折下了最好看的一束花，要把它赠送给日夜思念的亲人。以花寄情，揭示了诗歌的主旨——对远行人的思念。

诗的开头四句写得很朴素，其中展现的正是人们在日常生活中常常可以见到的一种场面。但是把这种场面和思妇怀远的特定主题相结合，却形成了一种深沉含蕴的意境，引发读者许多联想：这位妇女在孤独中思念丈夫，已经有了很久的日子吧。

自第五句发生转折，进入第二个层次。“馨香盈怀袖”一句紧承上面“攀条折其荣，将以遗所思”两句，同时描绘出花的珍贵和人物的神情。这花是“奇树”的花，它的香气特别浓郁芬芳，不同于一般的杂花野卉，可见用它来表达纯洁的爱情，寄托深切的思念，是再合适不过的。至于人物的神情，诗人虽没有明写，但一个“盈”字，却暗示着：主人公手执花枝，站立了很久。本来，她“攀条折其荣”，是因为思绪久积，情不自禁；可待到折下花来，才猛然想到：天遥地远，这花无论如何也不可能送到亲人的手中。古时交通不便，通信都很困难，更不用说这是一枝容易凋零的鲜花。此时的她，只是痴痴地手执着花儿，久久地站在树下，听任香气充满怀袖而无可奈何。她似乎忘记了时间也忘记了周围的一切，对着花深深地沉入冥想之中。

诗的最后两句“此物何足贵，但感别经时”是主人公无可奈何而说出的自我宽慰的话，同时也点明了全诗的主题。人生苦短，女人也如手中的鲜花，经不起时间的等待，更经受不起风吹雨打。

诗写到这里，算结束了。然而题外之意，仍然耐人寻味：主人公折花，原是为了解脱相思的痛苦，从中得到一点慰藉；而偏偏所思在天涯，花儿无法寄达，平白又添了一层苦恼；相思怀念更加无法解脱。

诗歌出处

《古诗十九首》，最早见于《文选》，为南朝梁萧统从传世无名氏《古诗》中选录十九首编入，编者把这些作者已经无法考证的五言诗汇集起来，冠以此名，列在“杂诗”类之首，后世遂作为组诗看待。

《古诗十九首》习惯上以句首标题，依次为：《行行重行行》《青青河畔草》《青青陵上柏》《今日良宴会》《西北有高楼》《涉江采芙蓉》《明月皎夜光》《冉冉孤生竹》《庭中有奇树》《迢迢牵牛星》《回车驾言迈》《东城高且长》《驱车上东门》《去者日以疏》《生年不满百》《凛凛岁云暮》《孟冬寒气至》《客从远方来》《明月何皎皎》。

延伸阅读

众说纷纭

这是一首表现思妇忆远的闺怨诗，是《古诗十九首》的第九首。关于《古诗十九首》的时代背景有多种说法。宇文所安认为中国早期诗歌是一个复制系统，找不到“古诗”早于建安时期的确凿证据。木斋提出《古诗十九首》及建安诗歌的重要组成大部分诗作是曹植之作。李善注《昭明文选·杂诗上》题下注曾释之甚明：“并云古诗，盖不知作者。”并认为作于东汉时期，这也是二十世纪以来的主流观点。今人综合考察《古诗十九首》所表现的情感倾向、所折射的社会生活情状以及它纯熟的艺术技巧，一般认为这十九首诗所产生的年代应当在汉末献帝建安之前的几十年间。至于《庭中有奇树》的具体创作时间，则难以确考。

考试链接

1. “此物何足贵，但感别经进”在全诗结构上起何作用？

2. 分析这首诗写景抒情的艺术特色。

编注者：林新杰

【参考答案】

1. 卒章显志，点明诗旨；升华情感（诗人在前面着重渲染之后，情感逆转，眼前物不再是那么重要，更令人伤感的是别离那么久的时间，至此全诗的情感得到升华）。
2. ①在写景上层层推进，由树到叶，由叶到花（荣），由花到香，而情感也在写景过程中不断酝酿升华；②寓情于景，情景交融，眼前的树、眼前的花，谁来欣赏谁来赞？一个独守闺房幽怨憔悴的思妇形象跃然纸上；③以乐景写哀情，通过“奇树”“绿叶”“荣”“馨香”等一组繁荣旺盛的意象，来突出自己的孤单寂寞，抒写心中的哀怨伤感。

[明] 张宏 《天平山图》

扫一扫，听朗读

泰山梁甫行[1]

［魏晋］曹植

八方[2]各异气[3]，千里殊风雨。
剧哉[4]边海民[5]，寄身[6]于草野[7]。
妻子[8]象禽兽[9]，行止[10]依林阻[11]。
柴门[12]何萧条[13]，狐兔[14]翔[15]我宇[16]。

注释

①《泰山梁甫行》又作《梁甫行》。梁甫是泰山下面的小山，古代迷信，相信人死后魂魄归于泰山、梁甫。《泰山梁甫行》原是挽歌，曹植此篇用旧题描写边海地区人民贫苦的生活。歌行是我国古代诗歌的一种体裁，属古体诗，又称古诗、古风、半格诗，是汉乐府的流变，因汉乐府的题名多为“歌”和“行”而得名。三国时，建安诗人曹植这首诗，就是模仿乐府诗的作品。它的特点是“篇无定句，句无定字”，音节、格律比较自由，句法长短不一，富于变化。

②八方：四方和四隅。泛指各方。

③异气：气候不同。

④剧哉：艰巨啊。剧，艰难。《说文》剧，甚也。

⑤边海民：边民与海民。边海，靠海，临海。

⑥寄身：寄托身心。

⑦草野：“野”，通“墅”，用草搭盖而成的简陋房屋。

⑧妻子：妻子儿女。

⑨禽兽：飞禽走兽。

⑩行止：行进与止停。

⑪林阻：山林险阻之地。

⑫柴门：用木柴做的门。言其简陋。代指贫寒之家，陋室。

⑬萧条：冷落、萧瑟。

⑭狐兔：狐和兔。

⑮翔：自由自在地行走。

⑯宇：房屋。

古诗今读

天下何其大啊，各地的气候特征也各不相同，即使是在一千里范围内，风雨飘零，形态也不一。遥远的海边，土地贫瘠，大海凶险，当地的老百姓过着非常艰苦的生活。残败不堪的破草屋就是他们终日生活的地方。亲爱的妻子和可爱的儿女，衣不蔽体，食不果腹，就像牲口一样，生活在险恶的山林中，与禽兽为伍。破败的柴门，掩映着简陋的家，冷冷清清，毫无人气，甚至连狐狸、兔子都在庭院里自由穿梭，旁若无人，毫不顾忌。这样的生活真的很艰难啊！

赏析要点

开篇绘以复杂的自然现象，以“风雨”暗示最高统治者应恩泽天下；中间四句概述于边海所见所感，直陈百姓与禽兽为伍的生存困境；最后两句，慨叹边海人民的生存环境恶劣，荒如草野，野畜穿行，承接前面的描写，进一步抒发了感慨，深化了主题。

“八方各异气，千里殊风雨。“天下之大，环境不一，风雨灾害也不一样，实则告诉我们：海边环境恶劣，气候潮湿，风雨狂暴，海啸龙卷，险象环生，不是当时人民宜居的地方。这两句突出边海人民生存环境的恶劣，为下文直述边海居民的生存现状做了铺垫。

“剧哉边海民，寄身于草墅。”海边的人民，他们生活在荒野草丛林木中，多么荒凉，多么凄惨，多么无奈，多么痛苦。把边海人民的生存状态，一言概之。

“妻子象禽兽，行止依林阻。”山林本是野兽出入的地方，可他们却长期生存于山林，宁与野兽同生同存，生命时刻受制于荒野野兽，与世隔绝，愚钝颓废，如野人般过着粗鄙落后的生活，以此形象描写出边海人民中的弱势群体——妻子以及孩子的整体形象。这是边海人民生存现状的真实写照。

“柴门何萧条，狐兔翔我宇。”这是一个怎样的院落啊，庭院简陋，人烟凄清，破败的柴门在海风中嗦嗦摇荡，吱嘎作响。狐狸兔子却好像在自家的后院一样，从容不迫随意穿行，毫不顾忌。这里通过狐狸、兔子的侧面描写，反衬出边海人们生活环境的荒蛮以及边海人们的恐惧与凄楚。

作者掠影

曹植（192～232），字子建，沛国谯（今安徽省亳州市）人。三国曹魏著名文学家，建安文学代表人物。作为建安文学的代表人物之一与集大成者，他在两晋南北朝时期，被推尊到文章典范的地位。其代表作有《洛神赋》《白马篇》《七哀诗》等。后人因他文学上的造诣而将他与曹操、曹丕合称为“三曹”，南朝宋文学家谢灵运更有“天下才有一石，曹子建独占八斗”的评价。《诗品》的作者钟嵘亦赞曹植“骨气奇高，词彩华茂，情兼雅怨，体被文质，粲溢今古，卓尔不群。”作为《诗品》全书中品第最高的诗人、中国诗歌抒情品格的确立者，在诗史上具有“一代诗宗”的历史地位。王士祯尝论汉魏以来二千年间诗家堪称“仙才”者，曹植、李白、苏轼三人耳。

延伸阅读

鹿死谁手

一年仲秋，曹操率曹植（192～232）和五位宠将到狩猎场打猎。秋高气爽，衰草如盖，满山红遍，北方的狩猎场呈现出一派雄丽、悲壮的情调。曹操喜持长须，兴致勃勃。一声令下，随行的士兵手持长矛，聒噪叫嚷，一只卧姿安闲、色彩斑斓的梅花鹿被他们从树丛里赶出来，它似乎已经感觉到灾难的降临，惊悸地在空旷的猎场上狂跑。众将军张弩搭箭，纵马追逐，“嗖！嗖！”梅花鹿惨叫几声倒在血泊之中。曹操驱马赶来，见除了一支箭直穿鹿喉外，其余四支箭全部落空。他决定重赏射中的将军，并封其为“神射手”。

随行人员从鹿喉上拔出箭杆，呈给了曹操。曹操仔细看了看箭杆上刻的姓名，微微点头。他想：“眼下正是用人之时，吞吴蜀，包举宇内，非但要有冲锋陷阵、骁勇善战的强将勇士，更需要有运筹帷幄、决胜千里的谋士贤臣。何不趁此机会考考曹植和众将军的智谋呢？”于是问道：“刚才，五箭并发，却只有一个将军射中了鹿喉，你们猜猜看，他是谁？

赵将军说：“是孙将军射中的。”钱将军说：“不应该是孙将军射中的。”孙将军说：“是我射中的！”郑将军说：“总之孙将军和我都没有射中。”王将军说：“是孙将军和郑将军中的一个人射中的。”

曹操听了笑着说：“你们当中只有三个人猜中

了，其中有王将军，诸位将军，现在心中可有数？”众将军仍是抓耳挠腮，难解答案。刚才孙将军还一口咬定是自己射中的，经曹操这般隐晦曲折的提示，也像喝了迷魂汤似的难以肯定了。

这时曹植镇静自若地说：“这个神射手，就是孙将军。”曹操不由畅怀笑道：“植儿说得对！孙将军，寡人特封你为神射手，赏金一千两。孙将军连忙叩首谢封：“谢丞相大人。”此时，其他四位将军仍然疑惑不解，一齐问道：“曹公子，不知有何根据？”

曹植答道：“诸位将军注意没有？既然我父讲王将军的说法是对的，而王将军说的或是孙将军或是郑将军。那么，先假设是郑将军射中的，五人说法中，赵将军、钱将军、郑将军、孙将军都错了，只有王将军说对，那四错一对，这不符合我父所说的条件，显然这个假设是错的，那肯定不是郑将军射中的。既然郑将军、孙将军二人中有一人射中，郑将军已排除，当然非孙将军莫属了。”

众将军听完曹植一番分析，都佩服曹植才智过人。曹操又持着长髯，点头微笑，从心里越发喜欢曹植了。

考试链接

1. “妻子象禽兽，行止依林阻”塑造了“妻子”什么样的形象？请简要分析。

2. “柴门何萧条，狐兔翔我宇”这两句是什么意思？在诗歌中有什么作用？

3. 本诗主要运用了什么表现手法？表达了作者的什么情感？

编注者：杨运迪

【参考答案】

1. 塑造了衣不蔽体、蓬头垢面、粗俗艰苦、与世隔绝的愚钝颓废的妻子和儿女的群体形象。
2. 柴门简陋凄清，在海风中摇荡，狐狸、兔子在屋檐下飞来窜去。这些环境描写衬托出边海人民生活环境的荒蛮以及边海人民的恐惧与凄楚。
3. 本诗主要运用了白描的手法，全方位描写滨海地区人民的贫困生活，反映了边海农村的残破荒凉景象，表达了作者对下层人民的深切同情。

【清】改琦《靓装倚石图》

关　睢[1]

《诗经·国风·周南》

扫一扫，听朗读

关关[2]雎鸠[3]，在河之洲[4]。窈窕[5]淑女[6]，君子好逑[7]。

参差[8]荇菜，左右流之。窈窕淑女，寤寐[9]求之。

求之不得，寤寐思服。悠哉悠哉，辗转反侧[10]。

参差荇菜[11]，左右采之。窈窕淑女，琴瑟[12]友[13]之。

参差荇菜，左右芼[14]之。窈窕淑女，钟鼓乐之[15]。

注释

①关雎（jū）：选自《诗经·周南》。《诗经》是我国最早的一部诗歌总集，收周代诗歌 305 篇。周南，周代地域名称，泛指洛阳以南到汉江流域一带。关雎，篇名，取第一句“关关雎鸠”中的两个字。

②关关：雌雄二鸡相互应和的叫声。

③雎鸠（jū jiū）：一种水鸟。

④洲：水中陆地。

⑤窈窕（yǎo tiǎo）：美好文静的样子。

⑥淑女：贤良美好的女子。

⑦好逑（hǎo qiú）：好的配偶。逑，匹配之意。

⑧参差（cēn cī）：长短不齐貌。

⑨寤寐（wù mèi）：醒和睡，指日夜。寤，醒觉。寐，入睡。

⑩辗转反侧：翻来覆去不能入眠。辗，古字作展。展转，即反侧。反侧，犹翻覆。

⑪荇（xìng）菜：水生植物。

⑫琴瑟：皆弦乐器。琴五或七弦，瑟二十五或五十弦。

⑬友：此处有亲近之意。
⑭芼（mào）：择取，挑选。
⑮钟鼓乐之：用钟奏乐来使她快乐。乐，使……快乐。

古诗今读

关关和鸣的雎鸠，相伴在河中的小洲。

那美丽贤淑的女子，是君子的好配偶。

参差不齐的荇菜，从左到右去捞它。

那美丽贤淑的女子，醒来睡去都想追求她。

追求却没法得到，白天黑夜便总思念她。

长长的思念哟，叫人翻来覆去难睡下。

参差不齐的荇菜，从左到右去采它。那美丽贤淑的女子，奏起琴瑟来亲近她。

参差不齐的荇菜，从左到右去拔它。那美丽贤淑的女子，敲起钟鼓来取悦她。

赏析要点

雎鸠的阵阵鸣叫诱动了小伙子的痴情，使他独自陶醉在对姑娘的一往情深之中。种种复杂的情感油然而生，渴望与失望交错，幸福与煎熬并存。一位纯情少年热恋中的心态在这里表露得淋漓尽致。成双成对的雎鸠就像恩爱的情侣，看着它们在河中小岛上相依相和的融融之景，小伙子的眼光被采荇女吸引。诗人在这里采用了“流”“采”等词描述小伙子的心理变化过程。

诗中许多句子都蕴含着很深很美的含意，千古传颂的佳句有“窈窕淑女”，既赞扬她的“美状”，又赞扬她的“美心”，可说是前后呼应，相辅相成。又如“辗转反侧”句，极为传神地表达了恋人的相思之苦。而最后一句“钟鼓乐之”，更是“千金难买美人笑”之类的故事原本。

这首诗还采用了一些双声叠韵的联绵字，以增强诗歌音调的和谐美和描写人物的生动性。如“窈窕”是叠韵；“参差”是双声；“辗转”既是双声又是叠韵。用这类词修饰动作，如“辗转反侧”；摹拟形象，如“窈窕淑女”；描写景物，如“参差荇菜”，无不活泼逼真，声情并茂。

用韵方面，这诗采取偶句入韵的方式。这种偶韵式支配着两千多年来我国古典诗歌谐韵的形式。而且全篇三次换韵，又有虚字脚“之”字不入韵，而以虚字的前一字为韵。这种在用韵方面的参差变化，极大地增强了诗歌的节奏感和音乐美。

重章叠咏形式的运用，对深化意境，渲染气氛，强化感情，突出主题都起到了很重要的作用。同时，它还有效地增强了诗歌的节奏感、音乐感，造成一唱三叹的艺术效果，形成了一种回环往复的美，带给人一种委婉而深长的韵味。

这首诗的表现手法属于《诗经》咏物言志三手法“赋、比、兴”之一的“兴”，即从一个看似与主题无关的事物入手，引出心声，抒泄胸臆。本诗语汇丰富，如使用“流”、“求”、“采”、“友”等动词，“窈窕”“参差”等形容词。全诗朗朗上口，韵律和谐悦耳。其中有双声，有叠韵，有“之”字脚的富韵，加上对后世七律、七绝影响最大的首句韵式，使得本篇堪称中国古代韵律诗的开山之作。

诗歌出处

《诗经》是我国最早的一部诗歌总集，共收录周代诗歌305篇。原称“诗”或“诗三百”，汉代儒生始称《诗经》。现存的《诗经》是汉朝毛亨所传下来的，所以又叫“毛诗”。

据说《诗经》中的诗，当时都是能演唱的歌词。按所配乐曲的性质，可分成风、雅、颂三类。“风”包括周南、召南、邶、鄘、卫、王、郑、齐、魏、唐、秦、陈、桧、曹、豳等15国风，大部分是黄河流域的民歌，小部分是贵族加工的作品，共160篇。“雅”包括小雅和大雅，共105篇。“雅”基本上是贵族的作品，只有小雅的一部分来自民间。“颂”包括周颂、鲁颂和商颂，共40篇。颂是宫廷用于祭祀的歌词。一般来说，来自民间的歌谣，生动活泼，而宫廷贵族的诗作，相形见绌，诗味不多。

《诗经》是中国韵文的源头，是中国诗史的光辉起点。它形式多样：史诗、讽刺诗、叙事诗、恋歌、战歌、颂歌、节令歌以及劳动歌谣样样都有。它内容丰富，对周代社会生活的各个方面，如劳动与爱情、战争与徭役、压迫与反抗、风俗与婚姻、祭祖与宴会，甚至天象、地貌、动物、植物等各个方面都有所反映。可以说，《诗经》是周代社会的一面镜子。而《诗经》的语言是研究公元前11世纪到公元前6世纪汉语概貌的最重要的资料。

延伸阅读

从《诗经》看“兴”的手法

“关关雎鸠，在河之洲”，毛传：“兴也。”但如何是兴呢，却是一个太大的问题。若把古往今来关于“兴”的论述统统编辑起来，恐怕是篇幅甚巨的一部大书，则何敢轻易来谈。然而既读《诗经》，兴的问题就没办法绕开,那么只好敷衍几句最平常的话。

所谓“兴”，可以说是引起话题吧，或者说是由景引起情。这景与情的结合多半是诗人当下的感悟，它可以是即目，也不妨是浮想；前者是实景，后者则是心象。

但它仅仅是引起话题，一旦进入话题，便可以放过一边，因此“兴”中并不含直接的比喻，若然，则即为“比”。至于景与情或说物与心的关联，即景物所以为感为悟者，当日于诗人虽是直接，但如旁人看则已是微妙，其实即在诗人自己，也未尝不是转瞬即逝难以捕捉；时过境迁，后人就更难找到确定的答案。

何况《诗经》的创作有前有后，创作在前者，有不少先已成了警句，其中自然包括带着兴义的句子，后作者现成拿过来，又融合了自己的一时之感，则同样的兴，依然可以有不同的含义。

罗大经说：“杜少陵绝句云：‘迟日江山丽，春风花草香。泥融飞燕子，沙暖睡鸳鸯。’或谓此与儿童之属对何以异，余曰不然。上二句见两间莫非生意，下二句见万物莫不适性。于此而涵泳之，体认之，岂不足以感发吾心之真乐乎。”

我们何妨以此心来看《诗经》之兴。两间莫非生意，万物莫不适性，这是自然予人的最朴素也是最直接的感悟，因此它可以成为看待人间事物的一个标准：或万物如此，人事亦然，于是喜悦，如“桃之夭夭，灼灼其华”（《周南·桃夭》），如“呦呦鹿鸣，食野之苹”（《小雅·鹿鸣》），如此诗之“关关雎鸠，在河之洲”；或万物如此，人事不然，于是悲怨，如“雄雉于飞，泄泄其羽”（《邶风·雄雉》），如“习习谷风，以阴以雨”（《邶风·谷风》），如“毖彼泉水，亦流于淇”（《邶风·泉水》）。

《诗经》中以纯粹的自然风物起兴，大抵不出此意。总之，兴之特殊，即在于它于诗人是如此直接，而于他人则往往其意微妙，但我们若解得诗人原是把天地四时的瞬息变化,自然万物的死生消长，都看作生命的见证，人生的比照，那么兴的意义便很明白。它虽然质朴，但其中又何尝不是含有体认生命的深刻！

考试链接

1. 对下列句子解读不当的一项是（　　）

A. “左右毛之”的“之”指代的是“荇菜”。

B.“寤寐求之”的“之”指代的是“窈窕淑女”。

C. “琴瑟友之”的“友”是“亲爱”的意思，这里用作动词，且表使动。

D. “钟鼓乐之”的“乐”是“快乐”的意思，这里用作动词，且表使动。

2.《诗经》的主要艺术表现手法有赋、比、兴等，《关雎》这首诗主要运用了什么手法？运用这种手法起到了什么作用？

编注者：韩士周

【参考答案】

1. C “友”是“亲近”的意思，而不是“亲爱”的意思。
2.《关雎》这首诗主要运用了兴的艺术手法。如本诗开头关关雎鸠，在河之洲，它原是诗人借眼前景物发端的话，但水鸟和鸣，也可以喻男女求偶，或男女间和谐恩爱。和下文“窈窕淑女，君子好逑”意义上发生关联。本诗的起兴之妙正在于诗人情趣与自然景物浑然一体的契合，也即一直为人们所乐道的情景交融的艺术境界。

【元】 赵原 《合溪草堂图轴》

蒹[1]　葭[2]

《诗经·国风·秦风》

扫一扫，听朗读

蒹葭苍苍[3]，白露为[4]霜。所谓伊人[5]，在水一方[6]。溯洄[7]从[8]之，道阻[9]且长。溯游从之，宛[10]在水中央。

蒹葭萋萋，白露未晞[11]。所谓伊人，在水之湄[12]。溯洄从之，道阻且跻[13]。溯游从之，宛在水中坻[14]。

蒹葭采采，白露未已。所谓伊人，在水之涘[15]。溯洄从之，道阻且右[16]。溯游从之，宛在水中沚[17]。

注释

①蒹（jiān）：没长穗的芦苇。

②葭（jiā）：初生的芦苇。

③苍苍：茂盛的样子，下文“萋萋”“采采”义同。

④为：凝结成。

⑤伊人：那个人，指所思慕的对象。

⑥在水一方：在河的另一边。

⑦溯洄（sù huí）：逆流而上。下文“溯游”指顺流而下。

⑧从：追寻。

⑨阻：险阻，（道路）难走。

⑩宛：宛然，好像。

⑪晞（xī）：干。

⑫湄：水和草交接的地方，也就是岸边。

⑬跻（jī）：水中高地。

⑭坻（chí）：水中的沙滩。

⑮涘（sì）：水边。

⑯右：迂回曲折。

⑰沚（zhǐ）：水中的沙滩。

古诗今读

河畔芦苇碧色苍苍，　深秋白露凝结成霜。
我那日思夜想的人，　就在河水对岸一方。
逆流而上去追寻她，　道路险阻而又漫长。
顺流而下寻寻觅觅，　仿佛就在水的中央。
河畔芦苇一片茂盛，　清晨露水尚未晒干。
我那魂牵梦绕的人，　就在河水对岸一边。
逆流而上去追寻她，　道路坎坷艰险难攀。
顺流而下寻寻觅觅，　仿佛就在沙洲中间。
河畔芦苇更为繁茂，　清晨白露依然逗留。
我那苦苦追求的人，　就在河水对岸一头。
逆流而上去追寻她，　道路险阻迂回难走。
顺流而下寻寻觅觅，　仿佛就在水中沙洲

赏析要点

东周时的秦地大致相当于今天的陕西大部及甘肃东部。其地“迫近戎狄”，这样的环境迫使秦人“修习战备，高尚气力”，他们的情感也是激昂粗豪的。保存在《秦风》里的十首诗也多半写征战猎伐、痛悼讽劝一类的事，似《蒹葭》这种凄婉缠绵的情致诗是一首被誉为“情真景真，风神摇曳的绝唱”，是“思心徘徊，百读不厌的杰作”。

诗中“白露为霜”给读者传达出节序已是深秋了，而天才破晓，因为芦苇叶片上还存留着夜间露水凝成的霜花。就在这样一个深秋的凌晨，诗人来到河边，为的是追寻那思慕的人儿，而出现在眼前的是弥望的茫茫芦苇丛，呈出冷寂与落寞，诗人所苦苦期盼的人儿在哪里呢？这种也许是毫无希望但却充满诱惑的追寻在诗人脚下和笔下展开。《蒹葭》中，诗人一番艰劳的上下追寻后，伊人仿佛在河水中央，周围流淌着波光，依旧无法接近。诗中“宛”字表明伊人的身影是隐约缥缈的，或许根本上就是诗人痴迷心境下生出的幻觉。以下两章只是对首章文字略加改动而成，这种仅对文字略加改动的重章叠唱是《诗经》中常用的手法。同时，这种改动也造成了语义的往复推进。如“白露为霜”“白露未晞”“白露未已”——夜间的露水凝成霜花，霜花因气温升高而融为露水，露水在阳光照射下蒸发——表明了时间的延续。

此诗曾被认为是用来讥刺秦襄公不能用周礼来巩固他的国家或惋惜招引隐居的贤士而不可得。现代大多数学者都把它看作是一首爱情诗，先以苍苍的蒹葭起兴，再写男子追求意中人，所追的人在何方？在茂密的蒹葭丛里，似见非见，时隐时现。这首诗用反复重章来表现悬念迭起，总之，这首诗的重章整齐、浅显，读起来节奏明快、动听。

诗歌出处

《蒹葭》选自《诗经·秦风》，属周代秦国民歌。“秦风”共十篇，大都是东周时代这个区域的民歌，“秦风”多言车马田猎。《诗经》是我国第一部诗歌总集，共收集了自西周初年至春秋中叶五百多年的诗歌 311 篇诗歌（又称诗三百）， 现存 305 篇（既有标题又有文辞的）。先秦称为《诗》《诗三百》。西汉时被尊为儒家经典，始称《诗经》，并沿用至今。按用途和音乐分“风、雅、颂”三部分，其中的风是指各地方的民间歌谣，其中的“雅”大部分是贵族的宫廷正乐，分大雅、小雅。其中的“颂”是周天子和诸侯用以祭祀宗庙的舞曲歌辞。主要表现手法是“赋、比、兴”。其中直陈其事叫“赋”；比喻叫“比”；先言它物以引起所咏之物叫“兴”。“赋、比、兴”与“风、雅、颂”合称“六义”。

延伸阅读

雨巷

戴望舒

撑着油纸伞，独自
彷徨在悠长、悠长
又寂寥的雨巷
我希望逢着
一个丁香一样的
结着愁怨的姑娘

她是有
丁香一样的颜色
丁香一样的芬芳
丁香一样的忧愁

在雨中哀怨
哀怨又彷徨

她彷徨在这寂寥的雨巷
撑着油纸伞
像我一样
像我一样地
默默行着
寒漠、凄清，又惆怅

她默默地走近
走近，又投出
太息一般的眼光
她飘过
像梦一般地
像梦一般地凄婉迷茫

像梦中飘过
一枝丁香的
我身旁飘过这女郎
她静默地远了、远了
到了颓圮的篱墙
走尽这雨巷

在雨的哀曲里
消了她的颜色
散了她的芬芳
消散了，甚至她的
太息般的眼光
丁香般的惆怅

撑着油纸伞，独自
彷徨在悠长、悠长
又寂寥的雨巷
我希望飘过
一个丁香一样地
结着愁怨的姑娘

读着这首诗，我仿佛看到了一幅烟雨朦胧的景象。一支古代的油纸伞，一个少女的背影在缓缓移动，脸上带着淡淡的哀忧。她迷茫在小巷中，孤独而又惆怅。淡淡的语句里，散发着朦胧的美；幽幽的情调里，飘逸着冷冷的哀愁。诗中含着无穷的哀怨，诗人倾诉着自己的彷徨迷茫。

诗人用朴实的事物：雨巷、油纸伞、丁香姑娘，创造了一个优美的意境。诗意朦胧含蓄，给人一种梦幻般的感觉。诗的结构整齐，回荡着流畅的节奏和旋律。诗中一些词句重复使用，如“悠长”“哀怨”“彷徨”“丁香一样的”等，第一节和最后一节又只差一个词，这样写可让人看出作者忧愁之情之浓，它在作者内心翻滚。作者这样重复，又似乎想留住这种感情。

这首诗文字本身并不华丽，静静的，淡淡的，也不张扬，但却由于感情的融入，让人感觉到那份孤独和忧伤的心情，并随着诗中的一字一句缓缓流出，宁静，凄清，惆怅。让人仿佛身临其境，雨丝滑过脸上，凉凉的，幽幽的。那迷茫的朦胧的，带着淡淡忧伤的文字，使我想得最多的是故乡，故乡那种物是人非的伤感。

考试链接

1. 出自《蒹葭》的成语有：______________。

2. 这首诗歌景物描写在文中的作用是什么？

3. 下列说法有误的一项是（　）

A.《蒹葭》选自《诗经·大雅》，是一首描写追求意中人而不得的诗。

B. 全诗重章反复，一意化为三叠，具有音乐美，用韵先响后喑，先扬后抑，余音绕梁，极具感染力。

C. 全诗三章，每章八句，诗的旨意在第一章就全部体现出来。

D. 本诗的每章都是先写秋景，写心上人路远难寻。结尾却用“伊人”一转，似乎“她”就在面前，这里写的是一种想象。

4. 本诗描写了什么样的景物特点？这些景物描写在诗中又起到什么作用？

编注者：贠彩娥

【参考答案】

1. 秋水伊人　在水一方
2. 衬托人物内心的哀怨怅然之情。
3. A
4. 凄清而苍凉的秋景；衬托人物内心的空虚惆怅之情。

[明]　文徵明　《拙政园图诗册》

式　　微

《诗经·国风·邶风》

扫一扫，听朗读

式[①]微[②]式微，胡不归？
微君[③]之故，胡为乎中露[④]？
式微式微，胡不归？
微君之躬[⑤]，胡为乎泥中？

注释

①式：作语助词。
②微：（日光）衰微，黄昏或曰天黑。
③微君：要不是君主。微，非。
④中露：露中。倒文以协韵。
⑤躬：身体。

古诗今读

天黑了，天黑了，为什么还不回家？如果不是为君主，何以还在露水中？

天黑了，天黑了，为什么还不回家？如果不是为君主，何以还在泥浆中？

赏析要点

关于此诗主旨，《毛诗序》说是黎侯为狄所逐，流亡于卫，其臣作此劝他归国。刘向《列女传·贞顺篇》说是卫侯之女嫁黎国庄公，却不为其所纳，有人劝以归，她则“终执贞一，不违妇道，以俟君命”，并赋此诗以明志。二说均牵强附会，因为无论是实指黎侯或黎庄妇人，都缺乏史实佐证。余冠英认为“这是苦于劳役的人所发的怨声”（《诗经选》)，乃最切诗旨。

诗凡二章，都以“式微式微，胡不归”起调：天黑了，天黑了，为什么还不回家？诗人紧接着便交代了原因：“微君之故，胡为乎中露”；“微君之躬，胡为乎泥中”。意思是说，为了君主的事情，为了养活他们的贵体，才不得不终年累月、昼夜不辍地在露水和泥浆中奔波劳作。短短二章，寥寥几句，受奴役者的非人处境以及他们对统治者的满腔愤懑，给读者留下极其深刻的印象。

在艺术上，这首诗有两个特点。一是以设问强化语言效果。从全诗看，“式微式微，胡不归”，并不是有疑而问，而是胸中早有定见的故意设问。诗人遭受统治者的压迫，夜以继日地在野外干活，有家不能回，苦不堪言，自然要倾吐心中的牢骚不平，但如果是正言直述，则易于穷尽，采用这种虽无疑而故作有疑的设问形式，使诗篇显得婉转而有情致，同时也引人注意，启人以思，所谓不言怨而怨自深矣。二是以韵脚烘托情感气氛。诗共二章十句，不仅句句用韵，而且每章换韵，故而全诗词气紧凑，节奏短促，情调急迫，充分表现出了服劳役者的苦痛心情以及他们日益增强的背弃暴政的决心。从此诗所用韵脚分析，前章用微韵、鱼韵，后章为微韵、侵韵，这些韵部都较适合表达哀怨沉痛的情绪。诗人的随情用韵，使诗情借着韵脚所体现的感情基调获得了充分的强调。所以方玉润评此诗云：“语浅意深，中藏无限义理，未许粗心人鲁莽读过。”(《诗经原始》)

由于《毛诗》将此诗解说成劝归，历代学《诗》者又都以毛说为主，所以“式微”一词竟逐渐衍为中国古典诗歌中的“归隐”意象，如唐王维“即此羡闲逸，怅然吟式微”(《渭川田家》)；孟浩然“因君故乡去，遥寄式微吟”(《都下送辛大夫之鄂》)；贯休“东风来兮歌式微，深云道人召来归”(《别杜将军》)等等，由此也可见出此诗对后世的影响。

诗歌出处

本诗是《诗经·邶风》中的一篇。《诗经》是我国第一部诗歌总集，共收集了自西周初年至春秋中叶五百多年的诗歌 311 篇诗歌(又称诗三百)，现存 305 篇(既有标题又有文辞的)。先秦称为《诗》《诗三百》。西汉时被尊为儒家经典，始称《诗经》，并沿用至今。按用途和音乐分“风、雅、颂”三部分，其中的风是指各地方的民间歌谣，其中的“雅”

大部分是贵族的宫廷正乐，分大雅、小雅。其中的“颂”是周天子和诸侯用以祭祀宗庙的舞曲歌辞。主要表现手法是“赋、比、兴”。其中直陈其事叫“赋”；比喻叫“比”；先言它物以引起所咏之物叫“兴”。“赋、比、兴”与“风、雅、颂”合称“六义”。

延伸阅读

《诗经》何从而来

关于《诗经》的编集，汉代有两种说法：①行人采诗说。《汉书·艺文志》载：“古有采诗之官，王者所以观风俗，知得失，自考正也。”《诗经》305篇的韵部系统和用韵规律和诗歌形式基本上是一致的，而它包括的时间长、地域广，在古代交通不便、语言互异的情况下，如果不是经过有目的地采集和整理，要产生这样一部诗歌总集是不可想象的。因而采诗说是可信的。②孔子删诗说。《史记·孔子世家》载：“古者诗三千余篇，及至孔子去其重，取可施于礼义……三百五篇，孔子皆弦歌之。”唐代孔颖达、宋代朱熹、明代朱彝尊、清代魏源等对此说均持怀疑态度。《诗经》大约成书于公元前6世纪，此时孔子尚未出生；公元前544年吴公子季札至鲁国观乐，鲁乐工为他所奏的风诗次序与今本《诗经》基本相同，说明那时已有了一部《诗》，此时孔子年仅8岁。因此近代学者一般认为删诗说不可信。但根据《论语》中孔子所说：“吾自卫返鲁，然后乐正，雅、颂各得其所，”可知孔子确曾为《诗》正过乐，只不过至春秋后期新声兴起，古乐失传，《诗三百》便只有歌诗流传下来 ，成为今之所见的诗歌总集。

考试链接

1. “式微式微，胡不归？”表现了当时人们什么样的思想感情？

2. 这首诗语言表达上有什么特点？

编注者：林新杰

【参考答案】

1. 表现了人们对田园生活的向往之情。
2. 一是以设问强化语言效果；二是以韵脚烘托情感气氛。

〔明〕仇英《子路问津》

子　　衿[1]

《诗经·国风·郑风》

扫一扫，听朗读

青青子衿，悠悠[2]我心。纵我不往，子宁[3]不嗣[4]音？

青青子佩[5]，悠悠我思。纵我不往，子宁不来？

挑兮达兮[6]，在城阙[7]兮。一日不见，如三月兮！

注释

①子衿：周代读书人的服装。子，男子的美称，这里即指“你”。衿，即襟，衣领。

②悠悠：忧思不断的样子。

③宁（nìng）：岂，难道。

④嗣（yí）音：寄传音讯。嗣，通“贻”，给、寄的意思 。

⑤佩：这里指系佩玉的绶带。

⑥挑（táo）兮达（tà）兮：独自走来走去的样子。挑，也作“佻”。

⑦城阙：城门两边的观楼。

古诗今读

青青的是你的衣领，悠悠的是我的思念。纵然我不曾去会你，难道你不把音信传？

青青的是你的佩带，悠悠的是我的情怀。纵然我不曾去找你，难道你不能主动来？

来来往往张眼望啊，在这高高的城楼上。一天不见你的面啊，好像有三月那样长！

赏析要点

这首诗写一个女子在城楼上等候她的恋人。全诗三章，采用倒叙手法。

前两章以“我”的口气自述怀人。“青青子衿”“青青子佩”，是以恋人的衣饰借代恋人。对方的衣饰给她留下这么深刻的印象，使她念念不忘，可想见其相思萦怀之情。如今因受阻不能前去赴约，只好等恋人过来相会，可望穿秋水，不见影儿，浓浓的爱意不由转化为惆怅与幽怨：纵然我没有去找你，你为何就不能捎个音信？纵然我没有去找你，你为何就不能主动前来？

第三章点明地点，写她在城楼上因久候恋人不至而心烦意乱，来来回回地走个不停，觉得虽然只有一天不见面，却好像分别了三个月那么漫长。

全诗五十字不到，但女主人公等待恋人时的焦灼万分的情状宛然如在目前。这种艺术效果的获得，在于诗人在创作中运用了大量的心理描写。诗中表现这个女子的动作行为仅用“挑”“达”二字，主要笔墨都用在刻画她的心理活动上，如前两章对恋人既全无音信、又不见影儿的埋怨，末章“一日不见，如三月兮”的独白。两段埋怨之辞，以“纵我”与“子宁”对举，急盼之情中不无矜持之态，令人生出无限想象，可谓字少而意多。末尾的内心独白，则通过夸张修辞技巧，造成主观时间与客观时间的反差，从而将其强烈的情绪心理形象地表现了出来，可谓因夸以成状，沿饰而得奇。心理描写手法，在后世文坛已发展得淋漓尽致，而上溯其源，本诗已开其先。所以钱钟书指出：“《子衿》云‘纵我不往，子宁不嗣音？’‘子宁不来’，薄责己而厚望于人也，已开后世小说言情心理描绘矣。”

这首诗是《诗经》众多情爱诗歌作品中较有代表性的一篇，它鲜明地体现了那个时代的女性所具有的独立、自主、平等的思想观念和精神实质，女主人公在诗中大胆表达自己的情感，即对情人的思念。这在《诗经》以后的历代文学作品中是少见的。

诗歌出处

这首诗出自《诗经·郑风》，为先秦时期郑地民歌。《诗经》是我国第一部诗歌总集，共收集了自西周初年至春秋中叶五百多年的诗歌311篇诗歌（又称诗三百），现存305篇（既有标题又有文辞的）。先秦称为《诗》《诗三百》。西汉时被尊为儒家经典，始称《诗经》，并沿用至今。按用途和音乐分“风、雅、颂”三部分，其中的风是指各地方的民间歌谣，其中的“雅”大部分是贵族的宫廷正乐，分大雅、小雅。其中的“颂”是周天子和诸侯用以祭祀宗庙的舞曲歌辞。主要表现手法是“赋、比、兴”。其中直陈其事叫“赋”；比喻叫“比”；先言它物以引起所咏之物叫“兴”。“赋、比、兴”与“风、雅、颂”合称“六义”。

延伸阅读

创作背景

关于此诗的背景，《毛诗序》曰：“《子衿》，刺学校废也，乱世则学校不修焉。”孔颖达疏：“郑国衰乱不修学校，学者分散，或去或留，故陈其留者恨责去者之辞，以刺学校之废也。经三章皆陈留者责去者之辞也。”朱熹《诗集传》云：“此亦淫奔之诗。”这些观点今人多不从。现代学者一般认为这是一首情歌。歌者热恋着一位青年，他们相约在城阙见面，但久等不至，歌者望眼欲穿，焦急地来回走动，埋怨情人不来赴约，更怪他不捎信来，于是唱出此诗寄托其情思。

考试链接

1. 这首诗采用了怎样的叙述手法？从结构上看，有何特点？

2. 这首诗的主要内容是什么？最后一句“一日不见，如三月兮”有什么含义？

编注者：林新杰

【参考答案】

1. 这首诗采用倒叙的手法，从结构上看，前两章具有重章叠句的特点。
2. 这首诗描写一个女子在城楼上等待她的恋人，可望穿秋水，依然不见人影，浓浓的爱意不由转化为惆怅和幽怨。最后一句的含义是：因久候恋人不至而心烦意乱，来来回回地走个不停，觉得虽然只有一天没见面，却好像分别了有三个月那么漫长！

何海霞《灌县伏龙观图》

黄　鹤　楼

[唐] 崔颢

扫一扫，听朗读

昔人已乘黄鹤去，此地空余黄鹤楼。
黄鹤一去不复返，白云千载空悠悠①。
晴川②历历③汉阳树，芳草萋萋④鹦鹉洲⑤。
日暮乡关⑥何处是？烟波⑦江上使人愁。

注释

①悠悠：飘荡的样子。

②晴川：阳光照耀下的晴明江面。川，平原。

③历历：清楚可数。

④萋萋：形容草木茂盛。

⑤鹦鹉洲：在湖北省武昌县西南，根据后汉书记载，汉黄祖担任江夏太守时，在此大宴宾客，有人献上鹦鹉，故称鹦鹉洲。

⑥乡关：故乡家园。

⑦烟波：暮霭沉沉的江面。

古诗今读

昔日，曾有仙人在此乘着黄鹤飞向天际。如今，这里只留下这座空荡荡的阁楼。

千百年来，仙人和黄鹤一去不返，再也没有出现，只留下片片白云飘飘悠悠。

站在楼上极目远眺，汉阳晴川阁的碧树历历可辨，更能看清芳草繁茂的鹦鹉洲。

夕阳西下，该回家了……可是何处是我家乡？看着江面烟波渺渺，更使人烦愁无从排遣。

赏析要点

这首诗意境高远浩渺，气派非凡，有初唐风骨，颇有陈子昂“念天地之悠悠，独怆然而涕下”之气概。

“昔人已乘黄鹤去，此地空余黄鹤楼”：首联紧扣诗题，不事雕琢，朗朗上口，似拙实秀。这首诗虽名为律诗，实则以古体入律，故有失格律之嫌，但却以自然见长。诗意通俗易懂，传说中的仙人已驾鹤归去，此地空余楼阁。一派苍茫辽阔之中蕴含有无限惆怅之意。

“黄鹤一去不复返，白云千载空悠悠”：颔联不避诗忌，第三次使用“黄鹤”一词，看似有重复之嫌，实则恰恰是古体之所长，读来一气呵成，毫不违和。黄鹤早已不见，惟余悠悠白云，似与千年前无异。暗含诗人光阴飞逝、物是人非之慨，但不见悲伤而觉境界阔大、风景优美。

“晴川历历汉阳树，芳草萋萋鹦鹉洲”：颈联的工整程度，为历来诗家所盛赞。诗人的视角从仰视苍穹转入俯瞰流水。晴空之下，向阳碧树历历可辨，更有萋萋芳草绵延不绝，鹦鹉洲上一派生机盎然。

“日暮乡关何处是，烟波江上使人愁”：到了尾联，诗人的视角从外物转移到人的身上。触景生情，乃人之常情。由浩渺无边的烟波想到了远在千里之外的故乡，乡愁油然而生。这句结语抒发的情感恰如《春江花月夜》里的“何处相思明月楼，青枫浦上不胜愁”。

以丰富的想象力把读者带入远古，却又在无与伦比的优美自然景色之中引发读者的种种情思，从而把读者拉回现实。这首诗所创设的意境空旷、高远、寂寥又不失厚重。在诗人笔下的美景中，让人越发感到时空的浩瀚无垠，而个体却又是如此渺小。从而引发对于人们对宇宙和大自然的探究和思索。正因其具有如此高妙的意境和气势，连李白都忍不住模仿此诗创作了一首《登金陵凤凰台》，但其意境终究是要稍逊一筹的。

除了大诗人李白推崇备至之外，后人对于这首七律也给予了极高的评价，宋诗论家严羽在《沧浪诗话》中写道：唐人七言律诗，当以崔颢的《黄鹤楼》为第一。整首诗于平淡中见高古，质朴中出气骨，推为七律之首，并不为过。

作者掠影

崔颢（约公元 704～754），唐代诗人，唐朝汴州（今河南开封市）人士，唐开元年间进士，官至太仆寺丞，天宝中为司勋员外郎。少年为诗，意浮艳，多陷轻薄；晚节忽变常体，风骨凛然。一窥塞垣，状极戎旅，奇造往往并驱江、鲍。后游武昌，登黄鹤楼，感慨赋诗。据说李白为之搁笔，曾有“眼前有景道不得，崔颢题诗在上头”的赞叹。《全唐诗》存其诗四十二首。

延伸阅读

黄鹤楼及相关诗词

黄鹤楼位于湖北省武汉市长江南岸的武昌蛇山之巅，临近万里长江，是国家5A级旅游景区，自古享有“天下江山第一楼”和“天下绝景”之称。它与湖南的岳阳楼、江西的滕王阁并称为江南三大名楼。同时黄鹤楼是武汉市标志性建筑，与晴川阁、古琴台并称“武汉三大名胜”。

黄鹤楼始建于三国时代吴黄武二年（公元223年），三国时期该楼只是夏口城一角瞭望守戍的“军事楼”，晋灭东吴以后，三国归于一统，该楼在失去其军事价值的同时，随着江夏城地发展，逐步演变成为官商行旅“游必于是”“宴必于是”的观赏楼。唐代诗人崔颢在此题下《黄鹤楼》一诗，李白在此写下《黄鹤楼送孟浩然之广陵》，历代文人墨客在此留下了许多千古绝唱，使得黄鹤楼自古以来闻名遐迩。

黄鹤楼坐落在海拔61.7米的蛇山顶，京广铁路的列车从楼下呼啸而过。楼高5层，总高度51.4米，建筑面积3219平方米。黄鹤楼内部由72根圆柱支撑，外部有60个翘角向外伸展，屋面用10多万块黄色琉璃瓦覆盖构建而成。

黄鹤楼楼外铸铜黄鹤造型、胜像宝塔、牌坊、轩廊、亭阁等一批辅助建筑，将主楼烘托得更加壮丽。主楼周围还建有白云阁、象宝塔、碑廊、山门等建筑。整个建筑具有独特的民族风格，散发出中国传统文化的精神、气质、神韵。它与蛇山脚下的武汉长江大桥交相辉映；登楼远眺，武汉三镇的风光尽收眼底。

考试链接

1. 对这首诗赏析有误的一项是（　　）

A. 开头四句以传说落笔，巧借今昔变化，抒发了寂寞惆怅之感，气概雄浑，感情真挚。

B. 后四句想象在天晴时登楼远眺，由渺不可知的感觉转到晴川草树的景象，文势波澜起伏。

C. 尾联紧承前三联，用烟波浩渺的长江烘托作者的归思，与开头意境相应，情景交融。

D. 此诗起、承、转、合出神入化，文思如行云，富于变化，历来被推崇为题黄鹤楼的绝唱。

2. 李白用“眼前有景道不得，崔颖题诗在上头”来评价该诗，难道这首诗仅在写景方面有独到之处吗？请说说你的看法。

3. 诗歌中有两个“空”字，请结合诗意进行赏析。

编注者：师 文

【参考答案】

1. B B 项说“后四句想象在天晴时登楼远眺”。这种说法是不对的，这句诗是由虚转实的一句，所写景物是实景而不是虚景。
2. 该诗不仅写景，还有抒情。前四句抒写了人去楼空，世事苍茫的感慨；后四句描绘了登楼所见，烘托思乡之情。
3. 第一个“空”有“只，只有”的意思，表达了好友已离去，只剩下空空的黄鹤楼和诗人自己，重在写景；第二个“空”有“空空的”“空荡荡”之意，表达的是因友人的离去和自己漂泊在外，诗人内心的孤独，寂寞和惆怅，重在抒情。

【元】朱德润《松溪放艇图》

扫一扫，听朗读

渡荆门①送别

［唐］李白

渡远荆门外，来从楚国②游。
山随平野③尽，江④入大荒⑤流。
月下飞天镜，云生结海楼⑥。
仍⑦怜⑧故乡水⑨，万里⑩送行舟。

注释

①荆门：山名，位于今湖北省宜都市西北长江南岸，与北岸虎牙山对峙，地势险要，自古即有楚蜀咽喉之称。

②楚国：楚地，指湖北一带，春秋时期属楚国。

③平野：平坦广阔的原野。

④江：长江。

⑤大荒：广阔无际的田野。

⑥海楼：海市蜃楼，这里形容江上云霞的美丽景象。

⑦仍：依然。

⑧怜：怜爱。

⑨故乡水：指从四川流来的长江水。因诗人从小生活在四川，把四川称作故乡。

⑩万里：喻行程之远。

古诗今读

在荆门之外的西蜀沿江东下，我来到那古时楚国之地游历。

重山随着荒野出现渐渐逝尽，长江流进了广阔无际的原野。

月影倒映江中像是飞来天镜，云彩变幻无穷结成海市蜃楼。

我依然怜爱这来自故乡之水，不远万里来送我东行的小舟。

赏析要点

首联交代诗人的一路游踪和出游目的。青年李白才情横溢，朝气蓬勃，不远万里，放舟东下，经巴渝，出三峡，直赴荆门之外的楚国故地。古朴原始的楚地风情，深沉厚重的文化底蕴，风雨沧桑的历史变迁，无一不像磁石一样紧紧地吸引着神往外界的李白。朝思暮想，壮浪一游，眼看诗人的梦想就要成为现实，诗人怎么能不欢欣鼓舞、喜出望外呢？

颔联远眺近观，触目生情，描山绘水，情彩飞扬。上句说山，船行江上，山随水走，急湍胜箭，猛浪若奔，两岸青山或刀劈斧削鬼斧神工，或悬崖峭壁森然，随舟随水相对挺出，扑面而来，转瞬即逝。最后，呈现在诗人眼前的是一片空阔平坦的漠漠旷野。“随”字化静为动，传神生辉，给人以青山挺立，纷至沓来，舟行江上，应接不暇之感；亦可看出诗人风神爽朗，心驰神往之态。下句说水，地势平坦，视野开阔；江流天地，波涛滚滚；排山倒海，一往无前。“入”字平中见奇，力透纸背，既写出了江流奔腾直泻，壮浪形骸的气势；又展现诗人高亢激越，乐观开朗的情怀。两句诗写得境界雄奇，视界高远，气势飞动，形象壮观，更体现出诗人初来乍看，心动神奇的惊诧欢愉之情。

颈联远观近察，俯仰生辉，绘月描云，瑰丽生情。上句写晚上，仰观天宇，皓月当空，银辉四射；俯察江流，明月倒映，皎洁如镜。著一“飞”字，动感十足，神韵完备，既写出了“月亮走，我也走”的如影随形之感，又唤起诗人童话般的美妙联想。月亮犹如天上来客，飞抵江流，沉落水底，亲近诗人，追随诗人，相依相伴，情意绵绵。下句写白天，仰望天空，彩云兴起，变幻无穷，结成了海市蜃楼般的奇景。嵌一“结”字，拟人生情，引人联想。彩云犹如心灵手巧的美丽织女，一到早上，就铺撒出五彩斑斓的锦缎来，似在装点美丽的天空，又如迎接远道而来的诗人。这一联感受新奇，想象天真，色彩斑斓，意境奇丽，充分表现出诗人与月同行、与云同飘的兴奋喜悦之情。

尾联呼应标题，点明主旨，舍万千风物不说，单写“故乡水，送亲人”，别具情趣，耐人寻味。李白从“五岁诵六甲”起，直至二十五岁远渡荆门，一直在四川生活，读书于戴天山上，游览峨眉，隐居青城，对蜀中的山山水水怀有深挚的感情，江水流过的蜀地也就是曾经养育过他的故乡，初次离别，他怎能不无限留恋，依依难舍呢？但诗人不说自己思念故乡，而说故乡之水恋恋不舍一路护送，万里相随，形影不离，从对面写来，越发显出自己的思乡深情。

作者掠影

李白（701～762），唐朝伟大的浪漫主义诗人，字太白，号青莲居士，被后人誉为“诗仙”。祖籍陇西成纪，出生于西域碎叶城，4岁再随父迁至剑南道绵州。李白为人爽朗大方，爱饮酒作诗，喜欢交友。其诗作结构跌宕开阖，寓含世事万变，雄奇飘逸，恣肆豪放，善于借助夸张手法描绘充满神异色彩的理想世界，具有独特魅力。杜甫盛赞其诗：“笔落惊风雨，诗成泣鬼神。”李白存世诗文千余篇，有《李太白集》传世。

延伸阅读

李白偶遇道士司马承祯

开元十三年（725年），李白出蜀，“仗剑去国，辞亲远游”。他乘舟沿江出峡，渐行渐远，家乡的山峦逐渐隐没不可辨认了，只有从三峡流出的水仍跟随着他，推送着他的行舟，把他要送到一个陌生而又遥远的城市中去。

让李白想不到的是在江陵会有一次不平凡的会见，他居然见到了受三代皇帝崇敬的道士司马承祯。天台道士的司马承祯不仅学得一整套的道家法术，而且写得一手好篆，诗也飘逸如仙。玄宗对其非常尊敬，曾将他召至内殿，请教经法，还为他造了阳台观，并派胞妹玉真公主随他学道。李白能见到这个备受恩宠的道士，自然十分开心，还送上了自己的诗文供其审阅。李白器宇轩昂，资质不凡，司马承祯一见已十分欣赏，及至看了他的诗文，更是惊叹不已，称赞其“有仙风道骨，可与神游八极之表”。因为他看到李白不仅仪表气度非凡，而且才情文章也超人一等，又不汲汲于当世的荣禄仕宦，这是他几十年来在朝在野都没有遇见过的人才，所以他用道家最高的褒奖的话赞美他。这也就是说他有“仙根”，即有先天成仙的因素，和后来贺知章赞美他是“谪仙人”的意思差不多，都是把他看作非凡之人。这便是李白的风度和诗文的风格给予人的总的印象。

李白为司马承祯如此高的评价欢欣鼓舞。他决心去追求“神游八极之表”这样一个永生的、不朽的世界。兴奋之余，他写成大赋《大鹏遇希有鸟赋》，以大鹏自喻，夸写大鹏的庞大迅猛。这是李白最早名扬天下的文章。从江陵起，他开始了他鹏程万里的飞翔。

考试链接

1. “山随平野尽，江入大荒流”一联，历来被人们称道。请任选一个角度进行赏析。

2. 这首诗的结尾运用了拟人手法，表达了作者怎样的思想感情？

3. 品味该诗尾联中“送”字的妙处。

编注者：韩君如

【参考答案】

1. ①绘意境：苍莽起伏的山峦随着平原旷野的延伸，渐渐消失得无影无踪，一泻千里的长江水奔赴茫茫无际的辽阔平原。作者为我们展示了一幅气势磅礴的万里长江图。
   ②赏字词：“随”表现出群山与平野的位置逐渐变换、推移，写出空间感和流动感：“入”渲染出江水奔流的磅礴气势，展示了诗人的广阔胸襟。
   ③品技巧：运用了借景抒情的方法，抒发了作者初出荆门时的喜悦、激动的心情。更是诗人开阔的胸怀，开朗的心境和蓬勃朝气的形象写照。
2. 作者移情于物，表面写江水送自己，实则是自己思念故乡。
3. “送”字直接点题（扣题），“送”的主体是故乡的山水，用拟人的修辞手法，生动而含蓄地表达了作者对故乡的依恋之情。

【清】 李鱓 《桃花柳燕图轴》

钱塘湖[1]春行

［唐］白居易

扫一扫，听朗读

孤山[2]寺北贾亭[3]西，水面初平[4]云脚低[5]。
几处早莺争暖树[6]，谁家新燕[7]啄[8]春泥。
乱花[9]渐欲迷人眼[10]，浅草才能没[11]马蹄。
最爱湖东行不足[12]，绿杨阴里白沙堤[13]。

注释

①钱塘湖：杭州西湖的别称。

②孤山：在西湖的里、外湖之间，因与其他山不相接连，所以称孤山。

③贾亭：又叫贾公亭。西湖名胜之一，唐朝贾全所筑。

④水面初平：春水初涨与堤岸齐平。

⑤云脚低：白云重重叠叠，同湖面上的波澜连成一片，看上去，浮云很低，所以说“云脚低”。

⑥暖树：向阳的树。

⑦新燕：刚从南方飞回来的燕子。

⑧啄：衔取。燕子衔泥筑巢。

⑨乱花：纷繁的花。

⑩迷人眼：使人眼花缭乱。

⑪没（mò）：遮没，盖没。

⑫足：满足。

⑬白沙堤：指西湖东面的白堤，上有断桥等名胜。

古诗今读

从孤山寺北漫步到贾公亭以西，湖面春水初涨刚与堤平，白云低垂，秀色无边。

几只早出的黄莺争先飞向那向阳的枝头，不知谁家的燕子忙碌着衔春泥筑巢。

各种野花次第开放，几乎令人眼花缭乱，浅浅的春草长得不高，刚能够遮没马蹄。

最喜爱那美丽的湖东景色，杨柳如烟绿荫掩映，一条白色沙堤静卧碧波之上。

赏析要点

这首描绘西湖早春美景的诗镜头感十足，每一次阅读，都感觉像在看一段优美的风光短片。诗人信马由缰，或牵行，或停驻，或驰纵，从孤山寺北到贾公亭，再由贾公亭西至白沙堤，一路行来，美景尽收眼底。诗人将这一路美景进行巧妙的组合，运用浅易凝练的语言绘制成一幅幅美丽的图画，组合成一连串精美的动态镜头，给读者传递着春的气息，留下深刻而美好的印象。

首先映入眼帘的是错落有致的亭寺楼台，穿行向前，西子湖面春水荡漾，与堤岸齐平，诗人策马驻足，极目远眺，舒卷的云朵快要与水面连接在一起，意境开阔，风光无限。忽然耳边传来几声黄莺的婉转啼鸣，寻声而视，镜头也随着诗人的目光聚焦：几只早飞的黄莺在争占暖阳照射的枝头，不知落户谁家的小燕子忙碌地衔着春泥掠过诗人眼前，春的气韵伴着莺啼燕舞和诗人的微笑弥漫而至。

镜头忽转，诗人跃身上马，向湖东轻快驰行。一路上，在那刚刚没过马蹄的青草丛中，各色野花东一团西一簇地渐次扑面而来，又一闪而过，似乎要迷乱了诗人的双眼。草长莺飞，春意渐浓，马蹄轻踏，行至湖东。镜头随诗人的视线拉长并定格：两行如烟绿柳掩映着一道长长的白色沙堤，静静地横卧在碧波之上。诗人下马牵行，万分惬意，徜徉于清新明媚的西子湖畔，流连在风和日暖的春光之中，久久不愿离去。

就这样一步一景，诗人穿行过寺亭楼台，寻乌燕黄莺飞鸣，迎青草乱花拂面，观蓝天碧水绿柳白堤，抒轻松愉悦爱春赞春之情。全景加特写，或连贯或停顿，远近景错落，最后定格于湖东的白沙堤之上，给我们留下了丰富的想象空间——亭寺楼台映天光，莺歌燕舞醉春阳。碧水白堤拂杨柳，踏花归去马蹄香……

作者掠影

白居易（772～846），唐代伟大的现实主义诗人，唐代三大诗人之一。字乐天，号香山居士，又号醉吟先生，祖籍太原，到其曾祖父时迁居下邽，生于河南新郑。白居易与元稹共同倡导新乐府运动，世称“元白”，与刘禹锡并称“刘白”。白居易的诗歌题材广泛，形式多样，语言平易通俗，有“诗魔”和“诗王”之称。官至翰林学士、左赞善大夫。有《白氏长庆集》传世，代表诗作有《长恨歌》《卖炭翁》《琵琶行》等。

延伸阅读

钱塘湖简介

钱塘湖，即杭州西湖。地处长江三角洲南翼，杭州湾西端，钱塘江下游，京杭大运河南端，是长江三角洲重要中心城市和中国东南部交通枢纽。

杭州西湖，南北长 3.3 公里，东西宽 2.8 公里，水面原面积 5.66 平方公里，包括湖中岛屿为 6.3 平方公里，湖岸周长 15 公里。水的平均深度在 1.5 米左右，最深处有 2.8 米，最浅处不到 1 米。如今伴随着“西湖西进”扩大为 6.5 平方公里，基本达到了 300 年前西湖的面积。苏堤和白堤将湖面分成里湖、外湖、岳湖、西里湖和小南湖五个部分。西湖与钱塘江沟通后，每天引入钱塘江水约 30 万立方米，西湖水由原来的一年一换变成每月一换，透明度由原来的不足 60 厘米提升到 120 厘米。

中国古代以西湖命名的湖有 36 个之多，其中以杭州西湖最著名，如单称西湖通常指的就是杭州西湖。西湖是一个历史悠久、世界著名的风景游览胜地，古迹遍布，山水秀丽，景色宜人。

西湖处处有胜景，历史上除有“钱塘十景”“西湖十八景”之外，最著名的是南宋定名的“西湖十景”和 1985 年评出的“新西湖十景”。在以西湖为中心的 60 平方公里的园林风景区内，分布着主要风景名胜 40 多处，重点文物古迹 30 多处。概括起来西湖风景主要以一湖、二峰、三泉、四寺、五山、六园、七洞、八墓、九溪、十景为胜。1982 年西湖被确定为国家风景名胜区，1985 年被评为“中国十大风景名胜”之一。

考试链接

1. 全诗以“行”为线索，从________起，到贾公亭西，至________终绕湖而行，观赏美景。从

“______”一词可以看出诗人对西湖美景的情感。

2. 试赏析“乱花渐欲迷人眼”一句中“乱”字的妙处。

3. 对本诗理解不恰当的一项是（　　）

A. 本诗精选了如水面初平、早莺暖树、新燕春泥、乱花浅草等富有早春特征的景物。

B. 韩愈的“天街小雨润如酥，草色遥看近却无。”与本诗描绘的季节特征一致。

C. 本诗流露出诗人喜爱之中隐含的惋惜之情。

D. 尾联中“行不足”说明诗人看不够美景，陶醉在美好的湖光山色之中。

编注者：马莲芳

【参考答案】

1. 孤山寺　白沙堤　最爱
2. “乱”字形象地描绘出野花的种类多样、色彩不同以及开放状态不一的景象，渲染了早春时节的勃勃生机，体现了诗人对湖畔美景的喜爱、陶醉和赞叹之情。
3. C “隐含的惋惜之情”理解错误，因为《钱塘湖春行》通过对西湖早春时节明媚风光的描绘，体现了诗人游湖的喜悦和对西湖美景的喜爱，更传递出诗人对自然之美的热爱之情。毫无惋惜之意。。

［清］和亲仁《层峦丛翠图》

扫一扫，听朗读

送 友 人

[唐] 李白

青山横北郭①，白水②绕东城。
此地一为别，孤蓬③万里征④。
浮云游子⑤意，落日故人情。
挥手自兹⑥去，萧萧⑦班马⑧鸣。

注释

①郭：古代在城外修筑的一种外墙。

②白水：清澈的水。

③蓬：古书上说的一种植物，干枯后根株断开，遇风飞旋，也称“飞蓬”。诗人用“孤蓬”喻指远行的朋友。

④征：远行。

⑤游子：离家远游的人。

⑥兹：此。

⑦萧萧：马的呻吟嘶叫声。

⑧班马：离群的马，这里指载人远离的马。班，分别，离别。

古诗今读

青翠的山峦横卧在城墙的北面，波光粼粼的流水围绕着城的东边。

在此地我们相互道别，你就像孤蓬那样随风飘荡，到万里之外远行去了。

浮云像游子一样行踪不定，夕阳徐徐下山，似乎有所留恋。

挥挥手从此分离，友人骑的那匹将要载他远行的马萧萧长鸣，似乎不忍离去。

赏析要点

这是一首情意深长的送别诗，作者通过送别环境的刻画、气氛的渲染，表达出依依惜别之意。

首联“青山横北郭，白水绕东城”，交代了告别的地点。诗人已经送友人来到了城外，然而两人仍然并肩缓辔，不愿分离。只见远处，青翠的山峦横亘在外城的北面，波光粼粼的流水绕城东潺潺流过。这两句中“青山”对“白水”，“北郭”对“东城”，对偶工整，别开生面；而且“青”“白”相间，色彩明丽。“横”字勾勒青山的静姿，“绕”字描画白水的动态，用词准确而传神。诗笔挥洒自如，描摹出一幅辽廓秀丽的图景。未见“送别”二字，其笔端却分明饱含着依依惜别之情。

颔联“此地一为别，孤蓬万里征”写情。诗人借孤蓬来比喻友人的漂泊生涯。“此地一为别”语意陡转，将上联的诗情画意扯破，有一股悲剧的感人力量。古人常以飞蓬、转蓬、飘蓬喻漂泊生涯，因为二者都有屈从大自然、任它物调戏而不由自主的共同特征。所以，此句想到“蓬”的形象时十分沉重，有不忍之情，非道一声珍重可比。

颈联“浮云游子意，落日故人情”，大笔挥洒出分别时的辽阔背景：天边一片白云飘然而去，一轮红日正向着地平线徐徐而下。此时此景，更令诗人感到离别的不舍。“浮云”对“落日”，“游子意”对“故人情”，也对得很工整，切景切题。诗人不仅是写景，而且还巧妙地用“浮云”来比喻友人：就像天边的浮云，行踪不定，任意东西，谁知道会漂泊到何处呢？无限关切之意自然溢出，而那一轮西沉的红日落得徐缓，把最后的光线投向青山白水，仿佛不忍遽然离开。而这正是诗人此刻心情的象征。

“挥手自兹去，萧萧班马鸣”尾联两句，情意更切。送君千里，终有一别。“挥手”，是写了分离时的动作，诗人内心的感受没有直说，只写了“萧萧班马鸣”的动人场景。诗人和友人在马上挥手告别，频频致意。那两匹马仿佛懂得主人心情，也不愿脱离同伴，临别时禁不住萧萧长鸣，似有无限深情。末联借马鸣之声犹作别离之音，衬托离情别绪。李白化用古典诗句，用一个“班”字，便翻出新意，烘托出缱绻情谊，是鬼斧神工的手笔。

作者掠影

李白（701～762），唐朝伟大的浪漫主义诗人，字太白，号青莲居士，被后人誉为“诗仙”。祖籍陇西成纪，出生于西域碎叶城，4岁再随父迁至剑南道绵州。李白为人爽朗大方，爱饮酒作诗，喜欢交友。其诗作结构跌宕开阖，寓含世事万变，雄奇飘逸，恣肆豪放，善于借助夸张手法描绘充满神异色彩的理想世界，具有独特魅力。杜甫盛赞其诗："笔落惊风雨，诗成泣鬼神。"李白存世诗文千余篇，有《李太白集》传世。

延伸阅读

李白名字的由来

据说李白周岁抓周时，抓了一本诗经。他父亲很高兴，认为儿子长大后可能成为有名的诗人，就想为李白取一个好名字,以免后人笑自己没有学问。由于他对儿子起名很慎重，越慎重就越想不出来。直到儿子七岁，还没想好合适的名字。那年春天，李白的父亲对妻儿说："我想写一首春日绝句，只写两句，你母子一人给我添一句，凑合凑合。一句是'春风送暖百花开'，一句是'迎春绽金它先来'。"母亲想了好一阵子，说："火烧杏林红霞落。"李白等母亲说罢，不加思索地向院中盛开的李树一指，脱口说道："李花怒放一树白。"父亲一听，拍手叫好，果然儿子有诗才。他越念心里越喜欢，念着念着，忽然心想这句诗的开头一字不正是自家的姓吗？这最后一个白字用得真好，正说出一树李花圣洁如雪。于是，他就给儿子起名叫李白。

考试链接

1. 首联"青山横北郭，白水绕东城"描绘了一幅怎样的画面？

2. 颈联"浮云游子意，落日故人情"中的"浮云""落日"的意象写出了诗人怎样的心境？且表现了怎样的情感？

3. 尾联"挥手自兹去，萧萧班马鸣"有怎样的表达效果？试作赏析。

编注者：张　蓉

【参考答案】

1. 青翠的山峦横亘在外城的北面，波光粼粼的流水绕城东潺潺而过，描绘了一幅寥廓秀丽的图景，点出送别地点，烘托了作者的送别之情。
2. "浮云"象征友人行踪不定，"落日"则隐喻诗人对朋友依依惜别的心情。诗人巧妙地用"浮云""落日"作比，来表明心意，表达了诗人对朋友依依惜别的心情。
3. 诗人和友人在马上挥手告别，那两匹马仿佛懂得主人心情，也不愿脱离同伴，临别时禁不住萧萧长鸣，很好地渲染了伤离别之情。

【明】陈洪绶《高士图》

扫一扫，听朗读

送杜少府[①]之任蜀州[②]

[唐] 王勃

城阙[③]辅[④]三秦[⑤]，风烟望五津[⑥]。
与君离别意，同是宦游人。
海内[⑦]存知己，天涯[⑧]若比邻[⑨]。
无为在歧路[⑩]，儿女共沾巾[⑪]。

注释

①杜少府：王勃的友人，生平不详。少府县尉的别称。

②蜀州：也作“蜀川”。

③城阙（què）：即城楼，这里指唐代京都长安城。

④辅：护卫。

⑤三秦：指长安城附近的关中之地，即今陕西省潼关以西一带。秦朝末年，项羽破秦，把关中分为三区，分别封给三个秦国的降将，所以称三秦。

⑥五津：指岷江的五个渡口白华津、万里津、江首津、涉头津、江南津。这里泛指蜀州。

⑦海内：四海之内，即全国各地。古代人认为我国疆土四周环海，所以称天下为四海之内。

⑧天涯：天边，这里比喻极远的地方。

⑨比邻：并邻，近邻。

⑩歧（qí）路：岔路。古人送行常在大路分岔处告别。

⑪沾巾：泪水沾湿衣服和腰带，意思是挥泪告别。

古诗今读

古代三秦之地，能拱护长安城垣宫阙；滚滚风烟，能与蜀州岷江的五津相遥望。

都是远离故乡，出外做官之人，今日你我握手作别，实在是难舍难分。

四海之内只要有了知己，不管远隔在天涯海角，如同邻居一样在一起。

可是在分别的岔路口，我们不要像多情的少年男女，伤心地痛哭，让泪水落满了衣衫。

赏析要点

一般说来，人们在同自己的亲戚、朋友离别时，心情总是难过的，依依不舍，免不了要讲些祝愿一路平安、保重身体或者后会有期之类的话，有的甚至还要作出“儿女态”，流下眼泪来。这当然是人之常情，毫不足怪的。但是，诗作为艺术，如果把这些都写了进去，那就会显得俗套、平庸，没有味道了。王勃不愧是一位才子，他才不去写这些呢！他的这首送别诗，别开生面，用自然朴实的语言，写出了朋友之间的真挚感情，把人的思想境界大大提高了，读后使人深受感动。

在这首诗里，开头两句写送别时的情景。当时，诗人是在长安供职，他要送自己的好朋友杜少府（官名）去蜀州上任。蜀州，在现今四川省，州府在崇州市。两人一起走出了长安城，来到分手的地点，心中有话，但却相对无言，只好观看四周的景致，以克制自己的离情别绪。“城阙辅三秦”，但见庄严壮丽的长安宫城，被地势险要的“三秦”环护着，气象宏伟。“风烟望五津”，再看朋友所要去的地方，千里迢迢，茫茫一片，什么也看不清楚。这一近一远、一明一暗的景物，对比强烈，构成了一幅非常真实、生动的送别画面，饱含着诗人对朋友远行的留恋之情。

诗的三四两句是点题的，下面讲明了朋友之间分别的意义。在社会生活中，筵席总是要散的，感情十分深厚的朋友也难免要分别，不可能永远会聚在一起。其原因就在于“同是宦游人”，各人有各人的职守，都要奔赴自己办事的岗位。所以，这种分别是完全可以理解的，但决不会分别而疏远了朋友之间的真挚感情。诗人和杜少府分别的意义就在这里。

“海内存知己，天涯若比邻”这两句诗，意味深远，是全诗中最精华的部分。它表现出诗人的宽阔胸怀和远大抱负，使真挚的友情得到升华。人们都有与自己志同道合的朋友，叫作“知己”，他有时近在身旁，有时却远在天涯海角，但无论空间怎样改变，时间如何推移，友情是牢不可破的。而且，决不能狭隘地认为“知己”只有一个；世界上到处都有与自己志同道合的人，同样都可以建立起深厚的友谊。抱着这样的认识和心情与朋友分别，那就不会感到孤独寂寥，相反地却是感到乐观进取，不管到了何处，都会觉得好像仍在与自己的老朋友在一起，促膝谈心，那样的快乐、幸福。

说到这里，诗人还嫌余意未尽，再加上两句：“无为在歧路，儿女共沾巾。”他语重心长，勉励朋友在分手的时候，千万不要像小孩子那样掏出手绢来揩眼泪，悲伤难过，而要勇往直前，去迎接新的生活。这样的诗句，扣人心弦，千百年来一直被人们所传诵。

作者掠影

王勃（650 ~ 675），唐代诗人。字子安。绛州龙门（今山西河津）人。王勃与杨炯、卢照邻、骆宾王齐名，世称“初唐四杰”，而王勃是四杰之首。

王勃自幼聪敏好学，他六岁即能写文章，文笔流畅，被赞为“神童”。十六岁时，应试及第，授职朝散郎。因做《斗鸡檄》被赶出沛王府。之后，王勃历时三年游览巴蜀山川景物,创作了大量诗文。返回长安后，求补得虢州参军。在参军任上，因私杀官奴二次被贬。唐高宗上元三年（676 年）八月，自交趾探望父亲时，不幸渡海溺水而死。

王勃的诗今存 80 多首，赋和序、表、碑、颂等文，今存 90 多篇。王勃在诗歌体裁上擅长五律和五绝，代表作品有《送杜少府之任蜀州》等；主要文学成是骈文，无论是数量还是质量，堪称一时之最，代表作品有《滕王阁序》等。

延伸阅读

《滕王阁序》中的千古名句

《滕王阁序》，无论是形式还是内容都堪称千古奇文。形式上看，对比手法运用得炉火纯青，用典雅致，信手拈来，不仅不晦涩还显得典雅、婉曲。从内容看，写景雄伟壮丽，写情有感而发，情景交融。此序一出，所有宴会上的诗词黯然失色。时光倏忽千年，当时盛宴之上的诗词，能有多少流传于世？而唯有王勃的这篇《滕王阁序》依然在历史的长河里熠熠生辉。

在《滕王阁序》里最为人所称道的自然是这句：“落霞与孤鹜齐飞，秋水共长天一色”，可谓写景的千古名句。其实王勃的这句诗脱胎于前辈，那就是北周“文学集大成者”庾信在《三月三日华林园马射赋》中的一句：“落花与芝盖同飞，杨柳共春旗一色。” 但就其意境而言，有天壤之别。

“落花与芝盖同飞，杨柳共春旗一色”中，落花、盖芝（车盖或伞盖）、杨柳、春旗，均为容易引发感时伤世的景与物，而杨柳与旗一色，实为叹时代之异，咏万象之迥，赞魂灵之迁，其意境以凄清、婉曲、感伤为上。

而“落霞与孤鹜齐飞，秋水共长天一色”的意境要雄浑、瑰丽得多。

“霞”色彩绚丽，美丽而不持久，前加一带有飘落、飘零之意的“落”字，可联想到诗人的落魄。而“鹜”乃是能高飞的野鸭（《礼·曲礼·疏》毛氏云：可畜而不能高飞曰鸭，野生高飞曰鹜），再加上“孤”字，“孤鹜”乃失去伙伴的鹜，暗喻诗人他乡做客，漂流辗转。“落”与“孤”相对应，“霞”与“鹜”互映衬，所以说“齐”飞。联想到诗人的身世，就会理解这一句的奥秘了。王勃年少成名，才华横溢，如绮丽之霞、高飞之鹜，却因作《斗鸡赋》惹怒了唐高宗，被逐出沛王府而郁郁不得志。后又因私藏官奴曹达，害怕被查杀害官奴而锒铛入狱，幸遇大赦之年才出狱。其内心孤独，恰如这一只孤鹜和那几缕落霞。大概才华非凡之人，多有孤高之气吧，诗人此时既有才华绝世之孤，也有抱负无处伸展之孤，更有感相对于浩渺的天地，人生渺小之孤。好在“落霞”与“孤鹜”还能相伴而飞，从而使这幅画面显得不那么凄凉，孤而不独。

再来看“秋水共长天一色”，“秋水”一词备受诗人喜爱，杜甫赞“秋水为神玉为骨”（徐卿二子歌》）。秋水深而不沉，使人神清气爽。用此词，足见诗人的少年老成，笔力遒劲。“天”以“长”来形容，写出天的空灵开阔。秋水与长天相映，长天因秋水更显其广，而秋水也因长天更见其清，二者高度融合，即为“一色”。诗人以秋水的神态、长天的胸怀面对未来，虽一时失意、请缨无路，但不坠青云之志，对未来仍有满满的期待，其用语哀而不伤。再结合“海内存知己，天涯若比邻”之诗句，可见其豁达乐观与生俱来，怪不得《旧唐书》赞王勃 “词情英迈”。

整体上看，“落霞与孤鹜齐飞，秋水共长天一色”把景与物有机结合，一幅高而不渺、丽而不俗的幽美图景便如在眼前。而且很好地融入了诗人的情感，情与景巧妙结合，融入了诗人的个性。故千百年来，为人们所津津乐道，叹为神来之笔。

考试链接

1. 解释加点字的意思：

①送杜少府之任蜀州 ______________ ②同是宦游人 ________________

2. 杜少府将要赴任之地是________________。

3. 这首诗的作者是____________，他与____________、____________、____________一起被称为“初唐四杰”。

4. 下列对这首诗鉴赏不正确的一项是（　　）

A. 这是一首送别诗。“城阙辅三秦，风烟望五津”写出了送行的地点和友人要赴任的地方。写景气势宏伟，寓不必伤别之意。

B. “与君离别意，同是宦游人。”写对友人的安慰：彼此处境相同，感情一致。一股悲伤之情油然而生。

C. “海内存知己，天涯若比邻，”全句一扫离情别绪，把缠绵的儿女之情一笔撇开，代之以豁达乐观的感情，表现了他不平凡的胸怀和抱负，给人以莫大的鼓舞和安慰。

D. “无为在歧路，儿女共沾巾”，这两句承上作结：既非远别，又同为宦游，虽别而如邻，别时则不应有儿女之态。

编注者：戴宏辉

【参考答案】

1. ①到，往　②离家出游以求官职的人
2. 蜀州
3. 王勃 杨炯 卢照邻 骆宾王。
4. B “一股悲伤之情油然而生。”应改为：“籍以减轻友人的悲伤和孤独之感。”

［宋］ 许道宁 《渔父图》

扫一扫，听朗读

使至塞上

[唐] 王维

单车①欲问边，属国②过居延③。
征蓬④出汉塞，归雁⑤入胡天⑥。
大漠孤烟⑦直，长河⑧落日圆。
萧关⑨逢候骑⑩，都护⑪在燕然⑫。

注释

①单车：一辆车，车辆少，这里形容轻车简从。

②属国：典属国的简称。汉代称负责外交事务的官员为典属国，这里是诗人用来指自己的使者身份。

③居延：地名，汉代称居延泽，唐代称居延海，在今内蒙古额济纳旗境内。

④征蓬：随风飘飞的蓬草，此处为诗人自喻。

⑤归雁：雁是候鸟，春天北飞，秋天南行，这里是指大雁北飞。

⑥胡天：胡人的领空。这里是指唐军占领的北方地方。

⑦烟：烽烟，报警时的烟火。

⑧长河：指黄河。

⑨萧关：古关名，又名陇山关，故址在今宁夏固原东南。

⑩候骑：负责侦察、通讯的骑兵。

⑪都护：唐朝在西北边疆置安西、安北等六大都护府，其长官称都护，每府派大都护一人，副都护二人，负责辖区一切事务。这里指前敌统帅。

⑫燕然：燕然山，即今蒙古国杭爱山。东汉窦宪北破匈奴，曾于此刻石记功。这里代指前线。

古诗今读

（我）轻车简从去慰问遥远的边关，沿途经过的属国已过居延。

（我觉得自己）像千里飘飞的蓬草被飘出了汉塞，又像北归的大雁飞入了北方的天空。

只见那苍茫无际的沙漠，远处烽火台一缕白烟直上云霄，横卧如带的黄河上悬挂着一轮圆圆的落日。

行程迢迢啊，走到萧关恰好遇到骑马的侦察兵，告诉我都护已在燕然。

赏析要点

这首诗描绘了塞外奇特壮丽的风光，表达了诗人对不畏艰苦，以身献国的守边战士爱国精神的赞美；此诗叙事精练简洁，画面奇丽壮美。

“单车欲问边”，轻车前往，向哪里去呢——“属国过居延”，居延在今甘肃张掖县西北，远在西北边塞。

“征蓬出汉塞，归雁入胡天”，诗人以“蓬”“雁”自比，说自己像随风而去的蓬草一样出临“汉塞”，像振翅北飞的“归雁”一样进入“胡天”。古诗中多用飞蓬比喻漂流在外的游子，这里却是比喻一个负有朝廷使命的大臣，正是暗写诗人内心的激愤和抑郁。与首句的“单车”相呼应。万里行程只用了十个字轻轻带过。

然后抓住沙漠中的典型景物进行刻画：“大漠孤烟直，长河落日圆”。

最后两句写到达边塞：“萧关逢候骑，都护在燕然”。到了边塞，却没有遇到将官，侦察兵告诉使臣：首将正在燕然前线。

诗人把笔墨重点用在了他最擅长的方面——写景。作者出使，恰在春天。途中见数行归雁北飞，诗人即景设喻，用归雁自比，既叙事，又写景，一笔两到，贴切自然。尤其是“大漠孤烟直，长河落日圆”一联，写进入边塞后所看到的塞外奇特壮丽的风光，画面开阔，意境雄浑，诗人王国维称之为“千古壮观”的名句。边疆沙漠，浩瀚无边，所以用了“大漠”的“大”字。边塞荒凉，没有什么奇观异景，烽火台燃起的那一股浓烟就显得格外醒目，因此称作“孤烟”。一个“孤”字写出了景物的单调，紧接一个“直”字，却又表现了它的劲拔、坚毅之美。沙漠上没有山峦林木，那横贯其间的黄河，就非用一个“长”字不能表达诗人的感觉。落日，本来容易给人以感伤的印象，这里用一“圆”字，却给人以亲切温暖而又苍茫的感觉。一个“圆”字，一个“直”字，不仅准确地描绘了沙漠的景象，而且表现了作者的深切的感受。诗人把自己的孤寂情绪巧妙地溶化在广阔的自然景象的描绘中。

作者掠影

王维（701～761），唐朝诗人，字摩诘，河东蒲州（今山西运城）人，祖籍山西祁县，有“诗佛”之称。苏轼评价其：“味摩诘之诗，诗中有画；观摩诘之画，画中有诗。”开元九年（721 年）中进士，任太乐丞。王维是盛唐诗人的代表，今存诗 400 余首，重要诗作有《相思》《山居秋暝》等。王维精通佛学，受禅宗影响很大。王维诗书画都很有名，非常多才多艺，音乐也很精通。与孟浩然合称“王孟”。

延伸阅读

苏轼评价王维诗云：“味摩诘之诗，诗中有画。”颈联“大漠孤烟直，长河落日圆”就是一幅美妙的图画。这幅画的美体现在哪些方面呢？

一是图画的构图美。画面空间阔大，层次非常丰富：从上到下有天边的“落日”、空中的烽烟、地上的“长河”；从近到远有烽烟、夕阳、无边的“大漠”。

二是图画的线条美。线条简约，寥寥几笔就勾勒出景物的基本形态：广阔的大漠上，纵的是烽烟，横的是黄河，圆的是落日。

三是图画的色彩美。色彩艳丽、丰富：黄色的“大漠”、浑黄的“长河”、白色的烽烟、红色的“落日”，雄浑寥廓的边塞风光如在眼前。

四是图画的意境美。诗句形象生动地描绘出壮丽、奇特、别致的塞外风光，动静结合，意境雄浑。“大漠”背景下，有缓缓升起的烽烟，有波澜不惊的“长河”，有即将西下的“落日”。

考试链接

1. 对这首诗理解不正确的一项是（　　）

A. “征蓬”两句，既表述了诗人前往边境慰问将士之事，又描写了边塞独特之景，更在叙事写景中传达出自己被排挤出朝廷的幽微难言的内心情感

B. 诗人以传神的笔墨刻画了明媚秀丽的塞外风光，其中“大漠孤烟直，长河落日圆”两句，更是脍炙人口的千古名句。

C. 诗中的“圆”字与“直”字，都用得逼真传神，非常讲究景物的画面感，充分体现了王维“诗中有画”的特色。

D. “都护在燕然”和前面的“属国过居延”遥相呼应，点明了诗人此次出使路途之远。

2. 这首五言诗写诗人______的情景；三、四句，诗人写自己像_______一样随风而去出临_______，像__________一样进入_______。

3. 最能体现作者内心感情的诗句是__________________。

编注者：杨蕊蓉

【参考答案】

1. B “雄奇壮美”而非“明媚秀丽”。

2. 奉命赴边慰问边塞守军　蓬草　汉塞　归雁　胡天

3. 征蓬出汉塞，归雁入胡天。

【清】 倪田 《秋郊牧马图轴》

雁门太守行[1]

[唐] 李贺

扫一扫，听朗读

黑云压城城欲摧，甲光[2]向日[3]金鳞[4]开。
角[5]声满天秋色里，塞上燕脂[6]凝夜紫[7]。
半卷红旗临易水[8]，霜重鼓寒[9]声不起[10]。
报君黄金台[11]上意，提携玉龙[12]为君死！

注释

①雁门太守行：古乐府曲调名。雁门，郡名。古雁门郡大约在今山西省西北部，是唐王朝与北方突厥部族的边境地带。

②甲光：指铠甲迎着太阳发出的闪光。

③向日：迎着太阳。向，朝向，对着。

④金鳞：像金色的鱼鳞。

⑤角：古代军中的号角，多用兽角制成。

⑥燕脂：即胭脂，这里指暮色中塞上泥土有如胭脂凝成。

⑦凝夜紫：在暮色中呈现出暗紫色。凝，凝聚。

⑧易水：河名，大清河上源支流，源出今河北省易县，向东南流入大清河。战国时荆轲前往刺秦王，燕太子丹及众人送至易水边，荆轲慷慨而歌："风萧萧兮易水寒，壮士一去兮不复还！"易水距塞上尚远，此借荆轲故事以言悲壮之意。

⑨霜重鼓寒：天寒霜降。

⑩声不起：形容鼓声低沉，不响亮。

⑪黄金台：故址在今河北省易县东南，相传战国燕昭王所筑。《战国策·燕策》载燕昭王求士，筑高台，置黄金于其上，广招天下人才。

⑫玉龙：宝剑的代称。

古诗今读

敌军进犯城池，恰如暴雨将至，乌云压顶而来；我将士严阵以待，铠甲金光闪耀，如同鱼鳞一般。

号角声响彻天际，竟日激战，秋风萧瑟，烈士鲜血渗入泥土，如胭脂般鲜红，又随着夜幕降临而逐渐变为紫色。

援军随着半卷的红旗直到易水之滨，夜深霜重，战鼓声低沉不扬，新的战斗即将再次打响。

为报答君王高筑黄金台招纳我的恩情，我情愿手持宝剑在战场上誓死杀敌。

赏析要点

“雁门太守行”系乐府旧题。此诗共八句，前四句写日落前的情景。首句既是写景，也是写事，借景造势。借暴雨来临前乌云逼近的景象成功地渲染了敌军兵临城下来势汹汹的紧张气氛和危急形势。

“黑云压城城欲摧”，一个“压”字，把敌军人马众多，来势凶猛，以及交战双方力量悬殊、守军将士处境艰难等等，淋漓尽致地揭示出来。

次句写城内的守军，以与城外的敌军相对比，忽然风云变幻，一缕日光从云缝里透射下来，映照在守城将士的甲衣上，只见金光闪闪，耀人眼目。此刻他们正披坚执锐，严阵以待。这里借日光来显示守军严整的军阵和同仇敌忾的士气，情景相生，奇妙无比。

三、四句分别从听觉和视觉两方面铺写阴寒惨切的战地气氛。时值深秋，万木摇落，在一片死寂之中，那角声呜呜咽咽地鸣响起来。显然，一场惊心动魄的战斗正在进行。“角声满天”，勾画出战争的规模。敌军依仗人多势众，鼓噪而前，步步紧逼。守军并不因势孤力弱而怯阵，在号角声的鼓舞下，他们士气高昂，奋力反击。战斗从白昼持续到黄昏。诗人没有直接描写战马奔驰、短兵相接的激烈场面，只对双方收兵后战场上的景象作了粗略的然而极富表现力的点染：鏖战从白天进行到夜晚，晚霞映照着战场，那大块大块的胭脂般鲜红的血迹，透过夜雾凝结在大地上呈现出一片紫色。这种黯然凝重的氛围，衬托出战地的悲壮场面，暗示攻守双方都有大量伤亡，守城将士依然处于不利的地位，为下面写友军的援救作了必要的铺垫。

后四句写驰援部队的活动。“半卷红旗临易水”，“半卷”二字含义极为丰富。黑夜行军，偃旗息鼓，为的是“出其不意，攻其不备”；“临易水”表明交战的地点。事实上易水距离塞上尚远，此句中的“易水”并非实指，主要暗示将士们具有“风萧萧兮易水寒，壮士一去不复还”那样一种壮怀激烈的豪情。

接着描写苦战的场面：驰援部队一迫近敌军的营垒，便击鼓助威，投入战斗。无奈夜寒霜重，连战鼓也擂不响。面对重重困难，将士们毫不气馁。

“报君黄金台上意，提携玉龙为君死。”黄金台是战国时燕昭王在易水东南修筑的，传说他曾把大量黄金放在台上，表示不惜以重金招揽天下士。诗人引用这个故事，写出将士们报效朝廷的决心，实际也是道出了本诗的主旨，即君王有识人之明，知遇之恩，将士才会誓死报效。作者急于求得君王赏识，从而施展抱负，一展宏图的急迫心境，于此表露无遗。

作者掠影

李贺（约 791～约 817），唐代著名诗人，字长吉，唐代河南福昌（今河南洛阳宜阳县）人，家居福昌昌谷，后世称李昌谷，是唐宗室郑王李亮后裔。有“诗鬼”之称，是与“诗圣”杜甫、“诗仙”李白、“诗佛”王维齐名的唐代著名诗人。著有《昌谷集》。

李贺是继屈原、李白之后，中国文学史上又一位享有盛誉的浪漫主义诗人。与李白、李商隐称为唐代三李。有“太白仙才，长吉鬼才”之说。其诗作对统治者的昏庸、腐朽，藩镇割据的黑暗现实，多有针砭；对下层人民的哀怨、痛苦亦多有同情，政治上具有进步倾向。在艺术方面，他的诗调高气峻，或如云崩雪涌，奇峭浪漫；或如明霞秀月，清丽璀璨。在想象的奇特、构思的精巧、语言的精辟等方面，极富独创性，在中唐别树一帜，有开拓之功。

李贺因长期的抑郁感伤、焦思苦吟的生活方式，元和八年（813 年）因病辞去奉礼郎回昌谷，27 岁英年早逝。

延伸阅读

李贺与李白的不同

李贺与李白虽同为浪漫主义诗人，但由于生活时代、个人遭际及个性等的差异，导致了两人浪漫主义特色的异同。浪漫主义的主旋律方面：白诗的基调是乐观、健康而且明朗，贺诗则是沉郁、愁怨和彷徨。浪漫主义的主观感情抒发方式上：白诗抒发的诗一泻千里怒不可遏、豪放不羁之气，贺诗透露出的是忧思孤愤、冷静深沉、抑郁不乐之情。浪漫主义所反映的现实生活内容上：白诗视野开阔，目光敏锐，思想准确深刻，贺诗生活范围狭窄，思想基础比较薄弱。浪漫主义的表现手法上，都用了大量的比喻和夸张，但白诗重于自然、平凡事物，显得“飘逸”，贺诗侧重于奇崛、难见之物，显得“奇险”。

考试链接

1. 本诗描绘了一场边关战争，表现了守边将士什么精神？

2. “黑云压城城欲摧”是千古名句，试分析其成为名句的原因。

编注者：高海强

【参考答案】

1. 誓死报国、英勇赴战的精神。
2. 一个“压”字，把敌军人马众多，来势凶猛，以及交战双方力量悬殊、守军将士处境艰难等等，淋漓尽致地揭示出来。运用比喻和夸张手法，渲染了敌军兵临城下的紧张气氛和危急情势。

[清] 顾沄 《怡园图册》

扫一扫，听朗读

题破山寺[①]后禅院

［唐］常建

清晨入古寺[②]，初日[③]照高林[④]。
曲径通幽处，禅房[⑤]花木深。
山光悦[⑥]鸟性，潭影[⑦]空[⑧]人心。
万籁[⑨]此[⑩]俱寂，但余[⑪]钟磬[⑫]音。

注释

①破山寺：即兴福寺，在今江苏常熟市西北虞山上。南朝齐邑人郴州刺史倪德光舍宅所建。

②古寺：指破山寺。

③初日：早上的太阳。

④高林：高树之林。

⑤禅房：僧人居住修行的地方。

⑥悦：此处为使动用法，使……高兴。

⑦潭影：清澈潭水中的倒影。

⑧空：此处为使动用法，使……空。此句意思是，潭水空明清澈，临潭照影，令人俗念全消。

⑨万籁（lài）：各种声音。籁，从孔穴里发出的声音，泛指声音。

⑩此：在此，即在后禅院。

⑪但余：只留下。

⑫钟磬（qìng）：佛寺中召集众僧的打击乐器。磬，古代用玉或金属制成的曲尺形的打击乐器。

古诗今读

清晨，漫步于古老的寺院，初升的太阳照耀着山上高耸的丛林。

蜿蜒曲折的小路通向幽静的深处，禅房便在那花木繁茂的地方。

山光明净，鸟儿欢快地歌唱，清潭倒影，心灵也更加空灵。

万物一片静寂，只有那悠扬的钟声在空中回荡。

赏析要点

这首诗构思独特，语言朴素，意境优美，意在言外，既描绘出破山寺后禅房的独特意境，也表达出作者寄情山水的隐逸情怀。

首联“清晨入古寺，初日照高林”，写出诗人清晨进入古寺，旭日初升，金色的阳光洒向古寺，洒向山林，寺院变得绚丽明亮，山林更加郁郁葱葱。作者采用时间的顺序，用流水对的形式，选用古寺、初日、高林三个意象，从视觉的角度，勾勒出一幅清晨时分后禅房四周的寂静和作者的心驰神往。“清晨”点明了时间，“入”字既写出古寺美景的幽远，也传递出作者的急切心情。“照”字将旭日初升时的勃勃生机刻画得出神入化，透露出诗人欣喜的情绪。

颔联“曲径通幽处，禅房花木深”，写出通向后禅院曲折幽深的小路和后禅院景色的幽静迷人。这里，并没有遵循严格的对仗要求，而采用感觉深化的方式将格律变通，曲径、禅房、花木三个意象为我们营造了一种静态的视觉画面，随着诗人的视觉发现而不断强化。其中“曲”“幽”“深”三个词语，营造出花木扶疏，幽静美妙的环境。再现了诗人踏过曲径，穿过深幽的花草树木，走到禅院的情景。这一联的美，语言朴素，不仅体现在诗人独特的审美与传神的景物描写，更重要的是传达一种诗人深刻的体会，表现其思想内涵的深邃。意在表明高于常人的境界或者成就的取得并不是一帆风顺的，要经历一番曲折。这与陆游的“山重水复疑无路，柳暗花明又一村”有着异曲同工之妙。

颈联“山光悦鸟性，潭影空人心”，写出诗人望见寺后的山水美景，感到心中杂念顿消，仿佛领悟到了空门禅悦的奥妙。这一联构思巧妙，被誉为千古名联。此联对仗工整，“悦鸟性”对“空人心”，“悦”字写出鸟儿自由自在飞鸣欢唱的情态，“空”字写出诗人此时内心宁静平和的感悟。诗人仿佛领略到了禅院空门愉悦的奥秘，摆脱了尘世间的一切烦恼，像鸟儿一样自由自在，无忧无虑。这里诗人的情感超越了山光、鸟、潭影三个意象构成的意象群落，进行大胆的想象和情感的变异，“悦”既是诗人对观察客体的一种发现，更是自身情感外泄。“空”则构成本诗的诗眼，自然的美景，潭中倒影，让诗人的心灵超越世俗的束缚，像鸟儿一样自由逍遥，空明宁静起来。此句借景抒情，以动写静，营造一种情感的张力。“空”不是一般意义上的虚无，而是一种内在情感体验，心灵上的自由不羁、逍遥本真。诗人用高度的概括和想象，在平凡的景物中发现胜境，体会其中的奥妙。

尾联“万籁此俱寂，但余钟磬音”，从听觉的角度，以“钟磬”的清音袅袅来反衬山寺后禅房的幽静，给人以静的感受，营造一个万籁俱寂的境界，这与王维的“蝉噪林逾静，鸟鸣山更幽”有异曲同工之妙。“钟声”被赋予寓意深微的象征意义，这来自佛门圣地的世外之音，引领人们进入纯净怡悦奇妙的世界，是回荡在人们心灵深处的天籁之音，悠扬而洪亮，深邃而超脱。在这里，整首诗的视觉图画与听觉音乐形成一个完整的感觉结构，高度概括的视觉图像用听觉加以衬托，诗人的心灵变得深邃宁静，达到涤荡灵魂、余音不绝的效果。显然，诗人欣赏这禅院与世隔绝的居处，领略这空门忘情尘俗的意境，表达出作者寄情山水的隐逸情怀。

作者掠影

常建（708～765），唐代诗人，字号不详，有说是邢台人或说长安（今陕西西安）人，开元十五年与王昌龄同榜进士，仕宦不得意，来往山水之间，过着一个长时期的漫游生活。后移家隐居鄂渚。大历中，曾任盱眙尉。他的诗现存57首，数量虽不多，但评价甚高。《四库全书总目》称常建“卓然与王、孟抗行者，殆十之六七”。

延伸阅读

唐代佛禅山水诗

唐代是山水诗成熟、禅宗兴盛的时期。唐代禅家山水诗以其独特的审美境界，在中国古代诗歌史上占有特殊的地位，具有永恒的艺术魅力。

唐代诗坛上许多著名的诗人都奉佛习禅。唐代诗人普遍引禅入诗，化禅思为艺术思维，进而引发“意境”的开发。禅的思想给中国无数文人骚客提供了观照自然的新视点，禅中的“静虑”具有美学上的意义。山川秀丽、草木融情，离开了这种静态的审美观照，人们很难获得独有的审美享受和创造灵感。

佛教的哲学起点是“空”，它的方法论是否定一切，认为人世是苦海，它否定一切世俗生活包括世俗美学，通过建立一种“不美之美”的出世生活和出世美，以达到彼岸的极乐世界和彼岸美。这种静寂孤僻的美学追求，也必然地反映在禅家山水诗的创作中。例如贾岛的《雪晴晚望》："倚仗望晴雪，溪云几万重。樵人归白屋，寒日下危峰。野火烧冈草，断烟坐石松。却回山寺路，闻打暮天钟。"白屋、危峰、冈草、断烟、石松、暮钟，这些意象的选择是非常枯寂、瘦硬、寒涩的，这与代表世俗审美情致的华屋、秀峰、绿草、炊烟、青松、鸣钟的意象选择是截然不同的，可是你又不得不承认它很美。看吧，倚仗而望，晴雪满天，溪云万重；寒日冉冉而下，断烟缭缭而升；大自然是多么有规律，多么合乎自然本性；诗人的心灵是多么平静，多么空灵，多么自由解脱。从这里可以看出，禅家山水诗的静寂孤峭之美，是诗国中从未有的独特风格和境界，是豪放之太白、沉郁之杜甫、平易之居易、怒张之韩愈所不可替代的，在文学史上自有其独特的美学价值，为诗格之一品。

（选自赵国乾《试论唐代佛禅山水诗的审美境界》）

考试链接

1. 对下列诗歌理解不正确的一项是（　　）

A. 诗歌描写了清晨后禅院的清幽脱俗的景致，流露出诗人对仕途生活的向往。

B. 诗题"题破山寺后禅院"，可知"后禅院"才是诗的重心所在，所以只在起首两句后提过破山寺后，立刻转入对后禅院的描述。

C. "曲径通幽处，禅房花木深"是历来为人传诵的名句。"曲径通幽处"引发人丰富的联想与思绪，暗示的意义多于写实的意义。"曲""幽""深"等字眼表现了禅院花木扶疏、幽深清静的环境。

D. "山光悦鸟性，潭影空人心"两句更多抒写诗人的主观感受。一个"悦"字表现了作者从中感受到的欢欣。一个"空"字表现了作者此时此刻心中尘世杂念全消的精神状态。

2. 赏析"山光悦鸟性，潭影空人心"中"悦"和"空"的妙处。

编注者：赵经科

【参考答案】

1. A　A 项后部分对诗人的思想表述有误。整首诗歌流露出诗人寄情山水的隐逸情怀。
2. "悦"写出了鸟儿自由自在地飞鸣欢畅的情态；"空"写出诗人见到后禅院的优美景色而内心宁静平和的感受。

[元] 赵雍 《松溪钓艇图》

望洞庭赠张丞相[1]

[唐] 孟浩然

扫一扫，听朗读

八月湖水平，涵虚[2]混太清[3]。
气蒸云梦泽[4]，波撼岳阳城[5]。
欲济[6]无舟楫[7]，端居[8]耻圣明[9]。
坐观垂钓者，徒[10]有羡鱼[11]情。

注释

①张丞相：指张九龄（673～740），唐玄宗时宰相，后贬为荆州长史。

②涵虚：包含天空，指天倒映在水中。涵，包容；虚，虚空，空间。

③混太清：与天混成一体。清，指天空。

④云梦泽：古时云泽和梦泽指湖北南部、湖南北部一代低洼地区。洞庭湖是它南部的一角。

⑤岳阳城：在洞庭湖东岸。

⑥济：渡。

⑦楫（jí）：划船用具，船桨。

⑧端居：安居。

⑨圣明：指太平盛世，古时认为皇帝圣明社会就会安定。

⑩徒：只能。

⑪羡鱼：羡慕钓鱼。《淮南子·说林训》中说，古人有言曰：“临河而羡鱼，不如退而结网。”意思是，与其空口赞赏别人的成绩，不如自己扎扎实实地做点事情。

古诗今读

八月的洞庭湖水涨得平平满满，浩瀚的湖面与天浑然一体。蒸腾的水气笼罩着广阔的云梦二泽，湖中的波涛拍击着坚固的岳阳古城，我想出仕无人援引，犹如想渡湖却没有舟楫一样，在这圣明之世闲居，让我内心惭愧不已。坐在岸边观望着垂钓之人，我心中不禁油然而生羡慕之情。

赏析要点

这是一首干谒诗。唐玄宗开元二十一年（733年），孟浩然西游长安，写了这首诗赠当时在相位的张九龄，目的是想得到张的赏识和录用，只是为了保持一点身份，才写得那样委婉，极力掩盖那干谒的痕迹。

“八月湖水平，涵虚混太清”：秋水盛涨，八月的洞庭湖装得满满的，和岸上几乎平接。远远望去，水天一色，洞庭湖和天空接合成了完完整整的一块。开头两句，写洞庭湖极开朗也极涵浑，汪洋浩阔，与天相接，润泽着千花万树，容纳了大大小小的河流。

“气蒸云梦泽，波撼岳阳城。”这两句实写湖。“气蒸”句写出湖的丰厚的蓄积，仿佛广大的沼泽地带，都受到湖的滋养哺育，才显得那样草木繁茂，郁郁苍苍。而“波撼”两字放在“岳阳城”上，衬托湖的澎湃动荡，也极为有力。人们眼中的这一座湖滨城，好像瑟缩不安地匍伏在它的脚下，变得异常渺小了。这两句被称为描写洞庭湖的名句。但两句仍有区别：上句用宽广的平面衬托湖的浩阔，下句用窄小的立体来反映湖的声势。诗人笔下的洞庭湖不仅广阔，而且还充满活力。

下面四句，转入抒情。“欲济无舟楫”，是从眼前景物触发出来的，诗人面对浩浩的湖水，想到自己还是在野之身，要找出路却没有人接引，正如想渡过湖去却没有船只一样。对方原是丞相，“舟楫”这个典用得极为得体。“端居耻圣明”，是说在这个“圣明”的太平盛世，自己不甘心闲居无事，要出来做一番事业。这两句是正式向张丞相表白心事，说明自己目前虽然是个隐士，可是并非本愿，出仕求官还是心焉向往的，不过还找不到门路而已。

于是下面再进一步，向张丞相发出呼吁。“垂钓者”暗指当朝执政的人物，其实是专就张丞相而言。这最后两句，意思是说：执政的张大人啊，您能出来主持国政，我是十分钦佩的，不过我是在野之身，不能追随左右，替你效力，只有徒然表示钦羡之情罢了。这几句话，诗人巧妙地运用了“临渊羡鱼，不如退而结网”（《淮南子·说林训》）的古语，另翻新意；而且“垂钓”也正好同“湖水”照应，因此不大露出痕迹，但是他要求援引的心情是不难体味的。

作为干谒诗，最重要的是要写得得体，称颂对方要有分寸，不失身份。措辞要不卑不亢，不露寒乞相，才是第一等文字。这首诗委婉含蓄，不落俗套，艺术上自有特色。

作者掠影

孟浩然（689～740），唐代诗人。名浩，字浩然，襄州襄阳（今湖北襄阳）人，世称“孟襄阳”，少好节义，喜济人患难，工于诗。年四十游京师，唐玄宗诏咏其诗，至“不才明主弃”之语，玄宗谓：“卿自不求仕，朕未尝弃卿，奈何诬我？”因放还未仕，后隐居鹿门山，著诗二百余首。孟浩然与另一位山水田园诗人王维合称为“王孟”。

延伸阅读

孟浩然为何终身不仕？

孟浩然是唐朝终身不仕，以布衣身份终老的著名田园诗人。他 40 岁时才来到长安，参加科举考试，然后没中。

他没离开长安，在太学赋诗，名动长安，并与王维成了忘年交。在唐朝的朋友圈，两人的关系很有趣。李白出蜀后，也曾上门拜访孟浩然，当时还是新人的李白与诗坛前辈结成忘年交，写下《赠孟浩然》：吾爱孟夫子，风流天下闻。李白游梁宋时，是和诗坛晚辈杜甫一起，又遇高适，三人结为好友。

当时，孟浩然与王维是好朋友，王维那时在长安已混得风生水起，是王公贵族府上的座上客，又经了玉真公主推荐进士及第，现在看孟浩然没考上，少不了得安慰他一下。

那天二人在王维府上相谈甚欢，突然李隆基驾到，孟浩然吓坏了，在王维示意下，情急之中躲到了床底下。但是王维情绪慌乱被李隆基识破，孟浩然从床底下钻了出来。

李隆基也是文艺青年出身，已知孟浩然大名，就笑着问他有啥大作。天赐良机，皇上亲自询问，把握住这样的机会就会荣登天子堂。孟浩然哪里想到会遇上皇上，紧张得说不出话来，最后吟了句：不才明主弃，多病故人疏。李隆基瞬即恼了，他开创盛唐新气象，天子爱才，很多文人才子都聚集在他的长安。现在孟浩然这诗……他沉着脸甩下句，你不曾向朕求官，为何说朕抛弃你？先生真是冤枉朕了，还是回去隐居吧，愤然离去。好好的机会砸了，王维好一阵埋怨孟浩然没有把握住机会。

后来孟浩然 46 岁了，他又结识了当初李白自荐时投书的韩荆州韩朝宗，李白的信写得情文并茂，生不用封万户侯，但愿一识韩荆州，他都没搭理他。

现在韩朝宗和孟浩然约好，他进京时带上他一起。到了上路的时间，孟浩然在朋友家喝酒，误了时间。有个仆人提醒他，但孟浩然估计死要面子，说他忙着喝酒，不要跟他讲别的事儿。最后韩朝宗没等上孟浩然，非常恼火，再也不管他。

还有一次，张九龄被罢相后在荆州大都督府任长史，仕途不顺，也曾邀请孟浩然去其幕府任职，但是那时张九龄几经李林甫排挤，也顾不了孟浩然。虽然他也写下了《望洞庭湖赠张丞相》。

文人可能死要面子，自己迫切希望得到伯乐的赏识与推荐，可就是不明说，所以张九龄也没再推荐他。

蹉跎岁月，孟浩然就这么一直隐居下去，后来"七绝圣手"王昌龄被贬官过襄阳，和孟浩然相识二人相见甚欢，当时他背上长了个毒疮，快治好了，医生叮嘱不要喝酒吃海鲜，但是孟浩然一高兴忘了，和王昌龄宴饮中，病发身亡，时年 52 岁。

考试链接

1. 这首诗的颔联为世人传诵，成为千古名句，请简要分析它的妙处。

2. 这首诗抒发了作者怎样的感情？请简要分析。

编注者：李巧艳

【参考答案】

1. 颔联运用对偶的修辞手法，描写了云梦泽水气蒸腾，洞庭湖波涛汹涌，摇撼岳阳城的景况，表现了洞庭湖的壮观景象和雄伟气势。
2. 本诗委婉地表达了诗人想做官而没人引荐，不能为民谋利的苦衷；希望能够出仕，一展才华，做一番事业。

【明】 盛茂烨《唐诗意山水图册》

扫一扫，听朗读

商山[1]早行

［唐］温庭筠

晨起动征铎[2]，客行悲故乡。
鸡声茅店月，人迹板桥霜。
槲[3]叶落山路，枳[4]花明驿墙[5]。
因思杜陵[6]梦，凫雁[7]满回塘[8]。

注释

①商山：又名楚山，在今陕西商洛市商州区东南。

②征铎（duó）：车行时悬挂在马颈上的铃铛。铎，大铃。

③槲（hú）：一种落叶乔木。叶子在冬天虽枯而不落，春天树枝发芽时才落。

④枳（zhǐ）：也叫“臭橘”，一种落叶灌木或小乔木。春天开白花，果实似橘而略小，酸不可吃，可用作中药。

⑤驿（yì）墙：驿站的墙壁。

⑥杜陵：在长安城南，因汉宣帝陵墓所在而得名，这里指长安。

⑦凫（fú）雁：凫，野鸭；雁，一种候鸟，春来往北飞，秋天往南飞。

⑧回塘：岸边弯曲的湖塘。

古诗今读

黎明起床，车马的铃铛已叮当作响，出门人踏上旅途，还一心想念故乡。

鸡声嘹亮，茅草店沐浴着晓月的余晖，足迹凌乱，木板桥覆盖着早春的寒霜。

枯败的槲叶，落满了荒山的野路，淡白的枳花，照亮了驿站的泥墙。

因而想起昨夜梦见杜陵的美好情景，一群群凫雁，正嬉戏在明净的池塘。

赏析要点

这首诗之所以广为传诵，是因为它通过鲜明的艺术形象，真切地反映了封建社会里一般旅人的某些共同感受。

“晨起动征铎”表现“早行”的典型情景，概括性很强。清晨起床，旅店里外已经叮叮当当，响起了车马的铃铎声，旅客们套马、驾车之类的许多活动已暗含其中。“客行悲故乡”固然是作者讲自己，但也适用于一般旅客。“在家千日好，出外一时难”。在封建社会里，一般人由于交通困难、人情凉薄等许多原因，怯于远行。“客行悲故乡”这句诗，很能够引起读者情感上的共鸣。

“鸡声茅店月，人迹板桥霜”历来脍炙人口。古时旅客为了安全，一般都是“未晚先投宿，鸡鸣早看天”。诗人既然写的是早行，那么鸡声和月，就是有特征性的景物。而茅店又是山区最具特征性的景物。“鸡声茅店月”，把旅人住在茅店里，听见鸡声就爬起来看天色，看见天上有月，就收拾行装，起身赶路等许多内容，都有声有色地表现出来了。同样，对于早行者来说，板桥、霜和霜上的人迹也都是有特征性的景物。作者于雄鸡报晓、残月未落之时上路，也算得上“早行”了；然而已经是“人迹板桥霜”，这真是“莫道君行早，更有早行人”啊！

“槲叶落山路，枳花明驿墙”两句，写的是刚上路的景色。商县、洛南一带，枳树、槲树很多。槲树的叶片很大，冬天虽干枯，却存留枝上；直到第二年早春，树枝将发嫩芽的时候，才纷纷脱落。而这时候，枳树的白花已在开放。因为天还没有大亮，驿墙旁边的白色枳花，就比较显眼，所以用了个“明”字。可以看出，诗人始终没有忘记“早行”二字。

旅途早行的景色，使诗人想起了昨夜在梦中出现的故乡景色：“凫雁满回塘”。春天来了，故乡杜陵，回塘水暖，凫雁自得其乐；而自己，却离家日远，在茅店里歇脚，在山路上奔波呢！“杜陵梦”，补出了夜间在茅店里思家的心情，与“客行悲故乡”首尾照应，互相补充；而梦中的故乡景色与旅途上的景色又形成鲜明的对照。眼里看的是“槲叶落山路”，心里想的是“凫雁满回塘”。“早行”之景与“早行”之情，都得到了完美的表现。

作者掠影

温庭筠（约 812～870），晚唐著名的诗人、词家。本名岐，字飞卿，唐太原祁（今山西祁县）人，世居太原，在晚唐的诗人中，温庭筠声名鹊起，与李商隐齐名，史称“温李”，都是唯美诗风的代表作家。在晚唐的词家中，温庭筠填词最多，和著名的韦庄齐名，人称“温韦”。他的词，在构思的精巧、语言的含蓄、声律的和谐等方面，都有自己艺术风格上的特点，具有较高的艺术性，在词的发展史上占有一定的地位，被誉为“花间派”鼻祖。

诗人本来是太原祁人，但由于在长安南郊安了个家，所以在他的一些诗歌里，是把长安南郊说成他的故乡的。唐宣宗大中末年，他离开长安，出外宦游。当他在商洛一带的山区里跋涉的时候，还念念不忘“故乡”；晚上住在茅店里，也在做着“杜陵梦”。

延伸阅读

赠少年

温庭筠

江海相逢客恨多，
秋风叶下洞庭波。
酒酣夜别淮阴市，
月照高楼一曲歌。

《赠少年》是唐代诗人温庭筠创作的一首七绝。此诗描写诗人与一少年相逢又相别的场面，表达了无限的离恨别情，抒发了深沉的豪情壮怀。作品大意写浪迹江湖的诗人，在秋风萧瑟的时节与一位少年相遇。彼此情味相投，但只片刻幸会，随即就分手了。诗人选择相逢又相别的瞬间场面来表现“客恨”，自然地流露出无限的离恨别情，给人以颇深的艺术感染。如果认为诗中的“客恨”只是一般的离愁别恨，那还未免皮相。清代徐增认为温庭筠此诗是写其“不遇”和“侠气高歌”（《而安话唐诗》卷六）。这首小诗确是借客游抒写作者落拓江湖的“不遇”之感。

客游他乡，忽遇友人，本当使人高兴，但由于彼此同有沦落江湖、政治失意之感，故觉颇多苦恨。尤其在这金风起浪、落叶萧萧的秋天，更容易触动游子的愁肠了。“秋风叶下洞庭波”，是化用《楚辞》“袅袅兮秋风，洞庭波兮木叶下”的诗句，描绘南方萧索的秋色，借以渲染“客恨”，并非实指。和下文的“夜别淮阴市”一样，都是借意，不可呆读。

诗的前半融情入景，“客恨”的含意还比较含蓄。后半借酒消愁，意思就显露得多了。“酒酣夜别淮阴市，月照高楼一曲歌”。“淮阴市”，固然点出话别地点，但主要用意还是借古人的酒杯浇胸中的块垒。这里显然是暗用淮阴侯韩信的故事。韩信年少未得志时，曾乞食漂母，受辱胯下，贻笑于淮阴一市。而后来却征战沙场，成为西汉百万军中的统帅。温庭筠也是才华出众，素有大志，但因其恃才傲物，终不为世用，只落得身世飘零，颇似少年韩信。故“酒酣夜别淮阴市”句，正寓有以韩信的襟抱期待自己，向昨天的耻辱告别之意。所以最后在高楼对明月，他和少年知音放歌一曲，以壮志共勉，正表达了一种豪放不羁的情怀。

这首诗善于用典寄托怀抱，且不着痕迹，自然地与写景叙事融为一体，因景见情，含蓄隽永。暗用韩信故事来自述怀抱之后，便引出“月照高楼一曲歌”的壮志豪情。“月照高楼”明写分别地点，是景语，也是情语。四个字点染了高歌而别的背景，展现着一种壮丽明朗的景色。它不同于“月上柳梢”的缠绵，也有别于“晓风残月”的悲凉，而是和慷慨高歌的情调相吻合，字里行间透露出一种豪气。这正是诗人壮志情怀的写照。诗贵有真情。温庭筠多纤丽藻饰之作，而本篇却以峻拔爽朗的面目独标一格，令人耳目一新。

考试链接

1. 颔联“鸡声茅店月，人迹板桥霜”是脍炙人口的佳句，你认为它好在哪里？

2. “凫雁满回塘”表现了怎样的意境？作者这样写的意图是什么？

编注者：刘　霞

【参考答案】

1. 只用几笔淡墨的线条，就勾勒出富有画意的山村霜月早行图；每句有三个名词组成，形象地勾画出一幅早春图；通过景物，含蓄地表示道路辛苦，羁愁旅思。
2. “凫雁满回塘”表现了春回故乡、野鸭满塘的温暖意境。通过这个温暖的乡梦反衬了漂泊在外的作者对家乡深切的思念。

[清] 石涛《观松图轴》

赠从弟[1]（其二）

［魏晋］刘桢

扫一扫，听朗读

亭亭[2]山上松，瑟瑟[3]谷中风。
风声一何盛，松枝一何劲！
冰霜正惨凄[4]，终岁常端正。
岂不罹[5]凝寒[6]？松柏有本性。

注释

①从弟：堂弟。
②亭亭：高耸的样子。
③瑟瑟：形容寒风的声音。
④惨凄：凛冽、严酷。
⑤罹（lí）：遭受。
⑥凝寒：严寒。

古诗今读

高山上挺拔耸立的松树，顶着山谷间瑟瑟呼啸的狂风。风声是如此的猛烈，而松枝是如此的刚劲！任它满天冰霜惨惨凄凄，松树的腰杆终年端端正正。难道是松树没有遭遇凝重的寒意？不，是松柏天生有着耐寒的本性！

赏析要点

刘桢有《赠从弟》诗三首，采用的都是比兴手法。本作是第二首，作者以松柏为喻，勉励他的堂弟要坚贞自守，不要因外力压迫而改变本性。

“亭亭山上松，瑟瑟谷中风”，开篇描写山上松柏树的整体形象：高耸挺拔，立于高山之上，笑迎“瑟瑟”寒风，不向严寒低头，不在恶势力下弯腰，高俊雄伟，傲骨铮铮。

“风声一何盛，松枝一何劲”，这两句的意思是说，尽管寒风非常凶猛，可是那些松柏依然不畏强暴，刚劲挺拔。诗人所以扩展开来对松柏与寒风在对立中所展现的情状做进一步的具体描写，其目的就是为了更有力地突出松柏树不畏寒风冰雪、不惧外在压力的高贵品格。

“冰霜正惨凄，终岁常端正”，这两句的意思是说，正当寒风、冰雪带来一片悲惨凄凉景象的时候，松柏树却仍然是那么挺拔壮美。作品通过残酷的冰雪环境的描写，再一次衬托了松树不畏严寒的精神与高尚纯洁的傲骨。

“岂不罹凝寒？松柏有本性”，最后两句的意思是说，难道松柏就不怕寒冷吗？但是松柏原本就具有不畏严寒的本性。作品在此处运用了直抒胸臆的表现手法，直接描写了松柏的品格，点明了作品的主题。

作者掠影

刘桢（？～217），建安诗人，字公干，存诗二十余首。他同孔融、陈琳、王粲、徐干、阮禹、应扬并称“建安七子”。他在当时甚有诗名，曹丕即称其“五言诗之善者，妙绝时人”。他性格豪迈，狂放不羁。钟嵘说他：“仗气爱奇，动多振绝。贞骨凌霜，高风跨俗。”建安时期文坛上涌现出了一大批诗人，为中国诗歌打开了一个新局面。在那个战火频繁、动乱不断的年代中，形成了以“梗概而多气”而著称的“建安风骨”，而在建安七子中，其诗又以气盛见称的则是刘桢。

延伸阅读

兼资文辩的刘桢

刘桢不仅文才出众，机敏雄辩之才也称道当世。曹丕在任五官中郎将时赠给刘桢一条廓洛带，后欲索回，便寄书一纸，调侃说：“夫物，因人而贵，故在贱者之手，不御尊之侧。今虽取之，勿嫌其不反也。”（《三国志》）

刘桢见之，明白文帝是笑他地位低下，不应佩戴象征尊贵的廓洛带，要收回原赐。但刘桢并未折腰，执意不交。在一次同文堂相会之时，他旧事重提道：“桢闻荆山之下，王卜光天之后宝；隋侯之珠，烛众士之好；南垠之金，登窈窕之首；凤貉之尾，缀待臣之帻。此回宝者，伏朽石之下，皆潜污泥之中，而扬光千载之上，发彩畴昔之外，皆未能初自接于至尊也。夫尊者所服，卑者所修也；贵者所御，贱者所先也。故夏屋初成而大匠先立其下，嘉禾始熟而农夫先尝其粒。恨桢所带无他妙饰，苦实珍异，尚可纳也。而未尚听至尊赐而反索者也。”

曹丕听刘桢这番妙论，对之十分欣赏，既叹他的博学善喻，更佩服他口若悬河，不卑不亢，恭中有贬，贬中隐褒之辩才，从而放弃索带念头。

（节选自《三国志·王粲传》）

考试链接

1. 三、四两句诗中的两个“一何”，表达上各有什么不同？

2. 全诗主要运用了哪种表现手法？表达了作者怎样的情感？

编注者：朱永霞

【参考答案】

1. “一何盛”突出了风之大，“一何劲”突出了松柏的雄健挺拔。
   本题考查炼字。“一何”，“多么”的意思，分别修饰“盛”和“劲”，突出的是风“大”和松“劲”。
2. 象征手法。全诗借松柏挺立风中而不倒、历经严寒而不凋，自喻高洁、坚贞的情怀，在自勉中也勉励堂弟做一个坚强不屈的人。

【明】唐寅《陶潜赏菊图轴》

饮酒（其五）

［魏晋］陶渊明

扫一扫，听朗读

结庐①在人境，而无车马喧②。
问君③何能尔④？心远地自偏。
采菊东篱下，悠然⑤见⑥南山⑦。
山气日夕佳，飞鸟相与还⑧。
此中有真意，欲辨已忘言。

注释

①结庐：建造住宅，这里指居住的意思。
②车马喧：指世俗交往的喧扰。
③君：指作者自己。
④尔：如此、这样。
⑤悠然：自得的样子。
⑥见（jiàn）：看见，动词。
⑦南山：泛指山峰，一说指庐山。
⑧相与还：结伴而归。

古诗今读

居住在人世间，却没有车马的喧嚣。

问我为何能如此，只要心志高远，自然就会觉得所处地方僻静了。

在东篱之下采摘菊花，悠然间，那远处的南山映入眼帘。

山气氤氲，夕阳西落，傍晚的景色真好，更兼有飞鸟，结着伴儿归还。

这里面蕴含着人生的真正意义，想要辨识，却不知怎样表达。

赏析要点

这首诗的意境可分两层，前四句为一层，写诗人摆脱尘俗烦扰后的感受，表现了诗人鄙弃官场，不与统治者同流合污的思想感情。后六句为一层，写南山的美好晚景和诗人从中获得的无限乐趣，表现了诗人热爱田园生活的真情和高洁人格。

全诗以平易朴素的语言写景抒情叙理，形式和内容达到高度的统一，无论是写南山傍晚美景，还是或抒归隐的悠然自得之情，或叙田居的怡然之乐，或道人生之真意，都既富于情趣，又饶有理趣。如"采菊东篱下，悠然见南山""山气日夕佳，飞鸟相与还"，那样景、情、理交融于一体的名句不用说，就是"问君何能尔？心远地自偏"，"此中有真意，欲辨已忘言"这样的句子，虽出语平淡，朴素自然，却也寄情深长，托意高远，蕴理隽永，耐人咀嚼，有无穷的理趣和情趣。

作者掠影

陶渊明（约 365～427），东晋诗人、文学家、辞赋家、散文家。又名潜，字元亮，号五柳先生，私谥"靖节"，东晋浔阳柴桑人（今江西九江）。曾做过几年小官，后辞官回家，从此隐居。田园生活是陶渊明诗文的主要题材，主要作品有《饮酒》《归园田居》《桃花源记》《五柳先生传》《归去来兮辞》等。

延伸阅读

陶渊明与酒

陶渊明爱酒，人尽皆知。

"酒"这一意象在陶渊明的诗文中出现的频率最高。他在其自传体诗文《五柳先生传》中写道："性嗜酒……造饮辄尽，期在必醉。即醉而退，曾不吝情去留。"他在醉后容易触发颇多的感想，并以诗的形式题写下来，这些诗文合成《饮酒二十首》，以自娱。《饮酒二十首》看似诗人酒后醉话，实则展现了陶渊明独清独醒的信念和高逸靖节的情致。

酒，不仅是陶渊明诗歌的重要组成部分，更是他生命中不可或缺的一部分。《宋书·隐逸传》中说，陶渊明担任彭泽县令时，分到一块很大的公田，"公田悉令吏种秫稻。妻子固请种粳，乃使二顷五十亩种秫，五十亩种粳。"陶渊明用六分之五的田地种酿造酒的高粱，看来在他的眼里，喝酒比吃饭重要多了。陶有一首《责子》诗，说：“虽有五男儿，总不好纸笔。阿舒已二八，懒惰故无匹；阿宣行志学，而不爱文艺；雍端年十三，不识六与七；通子垂九龄，但觅梨与栗。天运苟如此，且进杯中物。”诗中透露出陶渊明的五子略微不正常，究其原因，可能是饮酒过量导致。而陶先生却解释说，天命如此，莫多想，暂且饮酒一杯吧。

作为没落官僚家族的后人，陶渊明少时受到了良好的家庭教育，博览群书；但因年幼成孤，养成了寡言少语、不贪富贵、不慕虚荣的高洁性格。这种性格影响了他的一生，在他的仕途生涯中表现得尤为明显，让他在短暂的十三年官宦生涯中几进几退。最终因不满官场的黑暗，不肯为五斗米折腰，不屑于和他人同流合污，而毅然决然地辞官归隐。

辞官后的陶渊明，享受重获自由的怡然自得，每日或荷锄西归，或饮酒作诗，醉了便在门前的石头上小憩。久而久之，石头上竟出现了人形的睡印，因此这石头也得名“醉石”。归田后的二十年，是陶渊明创作的高峰期。他在此期间创作有《归去来辞》《桃花源记》和《饮酒二十首》等名篇佳作，流传至今，为后人描绘了许多美好的田园生活场景。

性格使然，令陶渊明不肯为五斗米折腰，因而回归田园，以酒为伴。这既让他获得了“靖节先生”的美誉，更突显了其高风亮节的品德。可谓“靖节归来酒中寻，如醉似醒松长青”。

考试链接

1. 诗中表达诗人心境高远、自由闲适、恬淡惬意的词语是__________ __________。

2. 请用生动形象的语言描述诗句“山气日夕佳，飞鸟相与还”所展现的画面。

3. 请从这首诗中选出你最喜欢的诗句写下来，并简要分析诗句所表达的思想感情。

编注者：武政委

【参考答案】

1. 心远　悠然
2. 太阳下山了，南山笼罩在渐渐升腾的云气之中，显得非常美丽，外出觅食的鸟儿，呼朋引伴，成群结队地飞回巢穴。
3. ①结庐在人境，而无车马喧。诗人虽身居闹市，却听不到车马的喧闹声，表达了诗人内心宁静、脱离尘俗的思想感情。②问君何能尔？心远地自偏。采用自问自答的形式，表达了诗人超凡脱俗、毫无名利之念的思想情感。③采菊东篱下，悠然见南山。诗人东篱采菊，抬头见山，表现了他悠然自得、物我两忘的思想境界。④山气日夕佳，飞鸟相与还。诗人通过黄昏中飞鸟结伴归林的美好景色，表达了诗人摆脱束缚、自由自在的思想情感。⑤此中有真意，欲辨已忘言。诗人从大自然中悟到了无法言说的人生真谛，表达了诗人陶醉其中、悠然忘我的境界。

【明】诸念修《山水》

扫一扫，听朗读

赤　壁

［唐］杜牧

折戟①沉沙铁未销②，
自将③磨洗④认前朝⑤。
东风⑥不与周郎⑦便，
铜雀⑧春深锁二乔⑨。

注释

①折戟：折断的戟。戟，古代兵器。

②销：销蚀。

③将：拿起。

④磨洗：磨光洗净。

⑤认前朝：认出戟是东吴破曹时的遗物。

⑥东风：指三国时期的一个战役——火烧赤壁。

⑦周郎：指周瑜，字公瑾，年轻时即有才名，人呼周郎。后任吴军大都督，曾参与赤壁之战并为此战役中的主要人物。

⑧铜雀：即铜雀台，曹操在今河北省临漳县建造的一座楼台，楼顶里有大铜雀，台上住姬妾歌妓，是曹操暮年行乐处。

⑨二乔：东吴乔公的两个女儿，一嫁前国主孙策（孙权兄），称大乔，一嫁军事统帅周瑜，称小乔，合称“二乔”。

古诗今读

一支折断了的铁戟（古代兵器）沉没在水底的沙中还没有销蚀掉，经过磨洗发现这是当年赤壁之战的遗留之物。

假如东风不给周瑜方便，结局恐怕是曹操取胜，二乔被关进铜雀台了。

赏析要点

“折戟沉沙铁未销，自将磨洗认前朝。”这两句意为折断的战戟沉在泥沙中并未被销蚀，自己将它磨洗后认出是前朝遗物。在这里，这两句描写看似平淡实不平。沙里深埋着断戟，点出了此地曾有过历史风云。战戟折断沉沙却未被销蚀，暗含着岁月流逝而物是人非之感。正是由于发现了这一件沉埋江底六百多年、锈迹斑斑的“折戟”，使得诗人思绪万千，因此他要磨洗干净出来辨认一番，发现原来是赤壁之战遗留下来的兵器。这样前朝的遗物又进一步引发作者浮想联翩的思绪，为后诗抒怀做了很好的铺垫。

“东风不与周郎便，铜雀春深锁二乔。”这后两句是广为人们传诵的佳句，意为倘若当年东风不帮助周瑜的话，那么铜雀台就会深深地锁住东吴二乔了。这里涉及历史上著名的赤壁之战。在赤壁战役中，周瑜主要是用火攻战胜了数量上远远超过己方的敌人，而其能用火攻则是因为在决战的时刻，恰好刮起了强劲的东风，所以诗人评论这次战争成败的原因，只选择当时的胜利者——周郎和他倚以致胜的因素——东风来写，而且因为这次胜利的关键，最后不能不归到东风，所以又将东风放在更主要的地位上。但他并不从正面来描摹东风如何帮助周郎取得了胜利，却从反面落笔：假使这次东风不给周郎方便，那么，胜败双方就要易位，历史形势将完全改观。因此，接着就写出假想中曹军胜利，孙、刘失败之后的局面。但又不直接铺叙政治军事情势的变迁，而只间接地描绘两个东吴著名美女将要承受的命运。如果曹操成了胜利者，那么，大乔和小乔就必然要被抢去，关在铜雀台上，以供他享受了。这里的铜雀台，就表现了曹操风流的一面，又言“春深”更加深了风流韵味，最后再用一个“锁”字，进一步突显其金屋藏娇之意，把硝烟弥漫的战争胜负写得很是蕴藉。

诗中的大乔、二乔两位女子，并不是平常的人物，而是属于东吴统治阶级中最高阶层的贵妇人。大乔是东吴前国主孙策的夫人，当时国主孙权的亲嫂，小乔则是正在带领东吴全部水陆兵马和曹操决一死战的军事统帅周瑜的夫人。她们虽与这次战役并无关系，但她们的身份和地位，代表着东吴作为一个独立政治实体的尊严。东吴不亡，她们绝不可能归于曹操；连她们都受到凌辱，则东吴社稷和生灵的遭遇也就可想而知了。所以诗人用“铜雀春深锁二乔”这样一句诗来描写在“东风不与周郎便”的情况下，曹操胜利后的骄恣和东吴失败后的屈辱，正是极其有力的反跌，独以美人衬托英雄，与上句周郎互相辉映，显得更有情致而已。杜牧在此诗里，通过“铜雀春深”这一富于形象性的诗句，以小见大，这正是他在艺术处理上独特的成功之处。

作者掠影

杜牧（803～约 852），唐代诗人，字牧之，号樊川居士，京兆万年（今陕西西安）人。杜牧人称“小杜”，以别于杜甫。与李商隐并称“小李杜”。因晚年居长安南樊川别墅，故后世称“杜樊川”，著有《樊川文集》。

延伸阅读

焚诗弃文终成疑

杜牧晚年任中书舍人。这时他的弟弟杜顗英年早逝，而自己的身体一直多病，自知匡时拯世、建功立业的抱负难以实现，因此除少数亲友外，不再与他人来往。

大中六年，杜牧正在酣寝中，梦见似乎有人朗声对他说：“尔改名毕。”醒来后觉得是不祥之兆。数十天后，梦中写了“皎皎白驹，在彼空谷”，旁有人说“空谷，非也，过隙也”，随即联想到“人生如白驹过隙”，自知不能久居人世，就自撰了一篇墓志铭。这篇短文对自己一生作了简单总结，写得平实无奇，丝毫不显文豪手笔。

墓志铭写就，杜牧闭门在家，搜罗生前文章诗赋，大多对火焚之，留下的仅十之二三。这一焚，使杜牧这位著名文学家到底写下多少诗文成为文化史上的一大悬疑。好在其外孙裴延翰将杜牧平时所寄诗文加以编录辑纂，成为现今存世的《樊川集》二十卷。其后陆续又有发现，形成补充辑本、别集、集外集等。但补充辑集中有他人诗作羼入，一些作品是否杜牧所作难以确认，就连脍炙人口的《清明》诗是否杜牧所作，也成为千年疑案。或许，这也是历史和文化的魅力所在。

考试链接

1. 若将“铜雀春深锁二乔”换成“国破家亡在此朝”好不好？为什么？

2. 有人说，赤壁之战中，如果不是东风给周瑜方便，胜者可能就是曹操，历史将要重写。因此有人认为，杜牧作本诗的目的是为曹操叫屈。你同意这种说法吗？简述理由。

编注者：侯　娇

【参考答案】

1. 不好。以二乔的命运形象代表东吴的命运，更能体现诗歌的形象性；能以小见大，感情表达更含蓄，耐人寻味。若改为“国破人亡在此朝”意思自然没错，但一点诗味也没有了。用形象思维观察生活，别出心裁地反映生活，乃是诗的生命。杜牧运用“铜雀春深锁二乔”这一富于形象性的诗句，以小见大，正是这首诗艺术处理上独特的成功之处。
2. 不同意。因为作者的意思是说自古以来英雄的成功都需要某种机遇，借此来表达诗人怀才不遇、有志不得伸展的感慨。

[明]　盛茂烨　《唐诗意山水图册》

春望

［唐］杜甫

扫一扫，听朗读

国[1]破[2]山河在，城春草木深[3]。
感时[4]花溅泪，恨别[5]鸟惊心。
烽火[6]连三月[7]，家书[8]抵万金。
白头[9]搔[10]更短，浑欲不胜[11]簪[12]。

注释

①国：国都，指长安（今陕西西安）。

②破：陷落。

③草木深：指人烟稀少。

④感时：为国家的时局而感伤。时，时事、时局。

⑤恨别：怅恨离别。

⑥烽火：古时边防报警的烟火，这里指安史之乱的战火。

⑦三月：指时间很长。

⑧家书：家中寄来的信。

⑨白头：这里指白头发。

⑩搔：用手指轻轻地抓。

⑪胜：受不住，不能。

⑫簪：一种束发的首饰。古代男子蓄长发，成年后束发于头顶，用簪子横插住，以免散开。

古诗今读

长安沦陷，只有山河依旧；春天来了，人烟稀少的长安城里草木茂密。

感伤国事，花儿也不禁涕泪四溅；鸟鸣惊心，徒增离愁别恨。

连绵的战火已经持续了好几个月，一封家书抵得上万两黄金。

愁绪缠绕，白发越搔越短，简直连簪子都插不上了。

赏析要点

755 年安禄山发动叛乱，次年元月，京城长安沦陷。不久杜甫听到肃宗在灵武即位的消息，报国心切，只身投奔灵武，不幸中途被叛军俘虏，解送到长安。所幸他还有一点行动自由，便来到街头放眼望去。本诗就是他在长安的所见、所闻、所感。诗中抒发了作者忧国、忧民、伤时、思家的感情，充满爱国情怀。

“国破山河在，城春草木深。”首联写春望所见：国都沦陷，城池残破，虽然山河依旧，可是乱草遍地，林木苍苍。一个“破”字，使人触目惊心，继而一个“深”字，令人满目凄然。

“感时花溅泪，恨别鸟惊心。”颔联一般理解为：花鸟本为娱人之物，但因感时恨别，却使诗人见了反而堕泪惊心。另一种解释为，以花鸟拟人，感时伤别，花也溅泪，鸟亦惊心。两种说法虽然不同，但其内涵却能相通，一是触景生情，二是移情于物，可见诗内涵之丰富。

“烽火连三月，家书抵万金。”颈联写的是自安史叛乱以来，“烽火苦教乡信断”，直到如今春深三月，战火仍连续不断。多么盼望家中亲人的消息，这时的一封家信真是胜过“万金”啊！“家书抵万金”，写出了消息隔绝，久盼音讯不至时的迫切心情，这是人人心中都会有的想法，很自然地引起人们的共鸣，因而成了千古传诵的名句。

“白头搔更短，浑欲不胜簪。”尾联寥寥十字，使一位愁绪满怀的白发老人的形象兀立在读者眼前。作者望春，并没有得到任何快慰，却为“感时”“恨别”所困，终至烦躁不安，频频抓挠头发。尽管诗人这时才四十五岁，但因终日愁情煎熬，白发越来越少，简直连簪子也插不上了。从章法上看，这一联是把前面分别抒写的“感时”“恨别”两种感情统一起来，收结全篇。作者选用搔发这一下意识动作，把满腔的愁情变成了可见可感的生动形象，很自然地引导读者进入诗的意境，从而产生共鸣。

作者掠影

杜甫（712～770），唐代伟大的现实主义诗人。

字子美，自号少陵野老，世称“杜工部”“杜实遗”“杜少陵”等。原籍湖南襄阳，生于河南府巩县（今河南省巩义市），初唐诗人杜审言之孙。杜甫与李白合称“李杜”，为了跟另外两位诗人李商隐与杜牧即“小李杜”区别开来，杜甫与李白又合称“大李杜”。他忧国忧民，人格高尚，他的约1400余首诗被保留了下来。诗艺精湛，在中国古典诗歌中备受推崇，影响深远。代表作有“三吏”（《新安吏》《石壕吏》《潼关吏》、“三别”（《新婚别》《垂老别》《无家别》）等。杜甫被世人尊为“诗圣”，其诗被称为“诗史”。

延伸阅读

朱自清论说诗中的典故

初学人读诗，往往给典故难住。他们一回两回不懂，便望而生畏，因畏而懒，这会断了他们到诗去的路。所以需要注释。但典故多半只是历史的比喻和神仙的比喻；用典故跟用比喻往往是一个理，并无深奥可畏之处。不过比喻多取材于眼前的事物，容易了解些罢了。广义的比喻连典故在内，是诗的主要的生命素；诗的含蓄、诗的多义、诗的暗示力，主要的建筑在广义的比喻上。

那些取材于经验和常识的比喻——一般所谓比喻只指这些——可以称为事物的比喻，跟历史的比喻、神仙的比喻是鼎足而三。这些比喻都有三个成分：一、喻依；二、喻体；三、意旨。喻依是作比喻的材料，喻体是被比喻的材料，意旨是比喻的用意所在。

白居易的《琵琶行》“大弦嘈嘈如急雨，小弦切切如私语；嘈嘈切切错杂弹，大珠小珠落玉盘。间关莺语花底滑，幽咽泉流冰下难”，这几句都描写琵琶的声音。大弦嘈嘈跟小弦切切各是喻体，急雨跟私语各是喻依，意旨一个是高而急，一个是低而急。“嘈嘈”句又是喻体，“大珠”句是喻依，圆润是意旨。“间关”二句各是一个喻依，喻体是琵琶的声音；前者的意旨是明滑，后者是幽涩。头两层的意旨未说出，这一层喻体跟意旨都未说出。

事物的比喻虽然取材于经验和常识，却得新鲜，才能增强情感的力量；这需要创造的功夫。新鲜还得入情入理，才能让读者消化；这需要雅正的品味。

典故只是故事的意思。这所谓故事包罗的却很广大。经史子集等等可以说都是的；不过诗文里引用，总以常见的和易知的为主。典故有一部分原是事物的比喻，有一部分是事迹，另一部分是成辞。历史的比喻和神仙的比喻，是专从诗文的一般读者着眼，他们觉得诗文里引用史事和神话或神仙故事的地方最困难。

（选自朱自清《唐诗三百首指导大概》，编者有删节）

考试链接

1. 对《春望》的赏析有误的一项是（　　）

A. 这首诗前四句写春城败象，饱含感叹；后四句写心念亲人，充溢离乱伤痛之情。

B. 诗中“烽火”是指因战乱而引发的长安城中的大火，这让作者很难得到家信。

C. 诗的尾联意思是诗人的白发越抓越少，简直要插不住簪子了。

D. 全诗寓情于景，意在言外，沉着蕴藉，真挚自然，有较强的艺术感染力。

2. 说一说“城春草木深”中“深”的妙处。

3. 请展开想象，描述“白头搔更短，浑欲不胜簪”所展现的画面，并揭示诗句的含义。

编注者：王小霞

【参考答案】

1. B “烽火”代指战争，诗中特意强调的是连年战争，受战争祸及，人们生活在水深火热之中。
2. “草木深”表面是写春天来临，草木繁茂，实际是写都城沦陷，草盛人稀，荒凉萧条的社会现状。一个“深”字，令人满目凄然。诗人在此明为写景，实为抒感，寄情于物，托感于景，为全诗创造了气氛。
3. 烽火遍地，家信不通，眼望京城的颓败景象，思念远在家乡的妻小，郁结在心头的苦痛无法排解，只好以手搔头，这一抓挠，却又徒增发短衰老之叹。这句诗，在国破家亡、离乱伤痛之外，又叹息衰老，则更增一层悲哀。

[宋] 李嵩 《货郎图》

扫一扫，听朗读

卖炭翁[1]

［唐］白居易

卖炭翁，伐[2]薪[3]烧炭南山[4]中。满面尘灰烟火色[5]，两鬓苍苍[6]十指黑。卖炭得钱何所营[7]？身上衣裳口中食。可怜[8]身上衣正单，心忧炭贱愿天寒。夜来城外一尺雪，晓驾炭车辗[9]冰辙[10]。牛困人饥日已高，市[11]南门外泥中歇。

翩翩[12]两骑[13]来是谁？黄衣使者白衫儿[14]。手把文书口称敕[15]，回车叱[16]牛牵向北[17]。一车炭，千余斤[18]，宫使[19]驱将惜不得[20]。半匹[21]红绡一丈绫[22]，系[23]向牛头充炭直[24]。

注释

①卖炭翁：此诗载于《全唐诗》卷四。原题注云："苦宫市也。"宫市，指唐代皇宫里需要物品，就向市场上去拿，随便给点钱，实际上是公开掠夺。唐德宗时用太监专管其事。苦：意为"以……为苦"，这里的意思是"苦于，为……感到苦恼"的意思，是文言文中常见的意动用法。市：买。

②伐：砍伐。

③薪：木柴。

④南山：城南之山，诗中指长安终南山。

⑤烟火色：烟熏色的脸。此处突出卖炭翁的辛劳。

⑥苍苍：灰白色，形容鬓发花白。

⑦何所营：做什么用。营，经营，这里指需求。

⑧可怜：使人怜悯。

⑨辗（niǎn）：同“碾”，压。

⑩辙：车轮滚过地面辗出的痕迹。

⑪市：长安有贸易专区，称市，市周围有墙有门。

⑫翩翩：轻快洒脱的情状。这里形容得意忘形的样子。

⑬骑（jì）:：亦泛指骑马的人。

⑭黄衣使者白衫儿：黄衣使者，指皇宫内的太监。白衫儿，指太监手下的爪牙。

⑮敕（chì）：皇帝的命令或诏书。

⑯叱：呵斥。

⑰牵向北：指牵向宫中。

⑱千余斤：不是实指，形容很多。

⑲宫使：宫廷使者。

⑳惜不得：舍不得。得，能够。惜，舍。

㉑半匹：即两丈。

㉒绫：一种很薄的丝织品。

㉓系（jì）：绑扎。这里是挂的意思。

㉔直：通“值”，指价格。

古诗今读

有一位烧炭卖炭的老翁，整日在终南深山砍柴烧炭。满脸灰呈烟熏火燎颜色，两鬓发灰白，双手指熏黑。卖炭得到的钱想做何用？要买身上衣口中食。可怜身上只着单薄衣服，担心炭价低愿天气更寒。夜里城外盖大雪一尺厚，晨驾炭车碾前车印赶集。牛累人饿太阳升得老高，集市南门外泥泞中歇息。

两个骑着马的人是谁啊？原是皇宫太监及其手下。手拿文书嘴说皇帝命令，回转车吆牛朝北去皇宫。一车烧炭足有一千多斤，太监强买老翁百般不舍。他们把半匹红纱一丈绫，挂在牛头充当炭的价钱。

赏析要点

封建统治阶级为了满足其腐朽豪奢的生活欲望，除了名目繁多的苛捐杂税以外，还采取其他手段巧取豪夺人民的血汗。中唐以后，朝廷里经常派人到市场上去采购物品。他们一看到中意的东西，就随便付给很低的代价，或任意掠夺而去，有时还要物主把货物送进宫内，然后倒打一耙，向物主勒索“门户钱”和“脚价钱”。白居易在长安时亲眼目睹这类弊政，心情十分愤慨。《卖炭翁》中虽然没能表现出劳动人民的反抗精神，但他敢于大胆揭露

“宫市”的罪恶，把以皇帝为总后台的统治者贪婪暴虐的面目，用独具特色的诗歌形式反映出来，确是难能可贵的。

在这首小型叙事诗中，开头四句以白描的手法塑造卖炭老翁的形象。“满面尘灰烟火色，两鬓苍苍十指黑。”十四个字的肖像描写，表现卖炭翁的职业和年龄特征，使人想到他的辛酸劳作和痛苦生活。“两鬓苍苍”表现卖炭翁的凄楚和衰老。“南山中”点出劳动场所，老翁年老力衰，很可能受到其他人的欺压，烧炭场所还在南山更深处。此“南山”就是王维所写的“欲投人处宿，隔水问樵夫”的终南山，豺狼出没，荒无人烟。在这样的环境里披星戴月，凌霜冒雪，一斧一斧地“伐薪”，一窑一窑地“烧炭”，好容易烧出“千余斤”，每一斤都渗透着心血，也凝聚着希望。写出卖炭翁的炭是自己艰苦劳动的成果，与贩卖木炭的商人不同。

“卖炭得钱何所营？身上衣裳口中食”：卖炭翁是否有田地？自种自收不至于挨饿受冻？他的一车炭被掠夺，有没有别的活路？诗人不直接介绍他的家庭经济状况，而是设为问答：一问一答，不仅化板为活，使文势跌宕，且扩展了诗作反映民间疾苦的深度与广度，使读者清楚地看到：这位劳动者已被剥削得贫无立锥，无衣食来源；“身上衣裳口中食”，全指望他千辛万苦烧成的千余斤木炭能卖个好价钱。这就为后面写宫使掠夺木炭的罪行做了有力的铺垫。

“可怜身上衣正单，心忧炭贱愿天寒。”一般人在衣单不能御寒时，自然希望天暖。可是卖炭翁却在“衣正单”时“愿天寒”，一怕天气暖，炭卖不掉，衣食无所出，二想天气寒冷，卖个好价钱，把解决衣食问题的全部希望寄托在“卖炭得钱”上的，这两句诗深刻地表现了他对“卖炭得钱”的殷切期望，反映了他十分悲惨的生活境遇。又用“可怜”两字倾注了无限同情，催人泪下。同时，这样写使下文“宫使驱将惜不得”，显得更有力量，更能激起读者对狐假虎威的“黄衣使者白衫儿”的痛恨。

“夜来城外一尺雪，晓驾炭车辗冰辙。牛困人饥日已高，市南门外泥中歇”：前文的“忧”和“愿”的矛盾心理，实际上是期待朔风凛冽，大雪纷飞。这场大雪总算盼到了！也就不再“心忧炭贱”了！“天子脚下”的达官贵人、富商巨贾们为了取暖，不会在微不足道的炭价上斤斤计较。当卖炭翁“晓驾炭车”的时候，占据着他的全部心灵的，不是埋怨冰雪的道路多么难走，而是盘算着那“一车炭”能卖多少钱，换来多少衣和食。诗人没有写卖炭翁心理活动，只用“牛困人饥日已高”七个字直接写出了卖炭翁在雪地赶车行走的整个过程，形象地写出了卖炭翁卖炭的艰难困苦：路远、车重、雪厚、人苦。“泥中歇”更添一层辛酸。

“翩翩两骑来是谁？黄衣使者白衫儿。手把文书口称敕，回车叱牛牵向北。”一般叙事诗往往失之语言的臃肿和拖沓。这首诗语言简练而又准确。诗人连用了五个动词，“把”“称”“回”“叱”“牵”。宫使一个接一个的动作，使卖炭翁没有回话的余地，从这五个急迫连续的动作中，宫使凶残掠夺的面目暴露无遗，在皇宫的使者面前，在皇帝的文书和敕令面前，跟着那“叱牛”声，卖炭翁在从“伐薪”“烧炭”“愿天寒”“驾炭车”“辗冰辙”，直到“泥中歇”的漫长过程中所盘算的一切、所希望的一切，全都化为泡影。对比之下，卖炭老人的悲苦形象也更加突出了。

“一车炭，千余斤，宫使驱将惜不得。半匹红绡一丈绫，系向牛头充炭直。”其中“系”和“充”两个字意味特别深长，卖炭翁拒绝收受“绡”和“绫”，蛮不讲理的宫使硬把它“系向牛头”，“绡”和“绫”本不是“炭直”，宫中无用的烂绸、对卖炭翁更无用的东西被拿来充数抵价。

作者掠影

白居易（772～846），唐代伟大诗人。字乐天，号香山居士。生于河南新郑，其先太原（今属山西）人，后迁下邽（今陕西渭南东北）。贞元进士，授秘书省校书郎。元和年间任左拾遗及左赞善大夫。后因上表请求严缉刺死宰相武元衡的凶手，得罪权贵，贬为江州司马。长庆初年任杭州刺史，宝历初年任苏州刺史，后官至刑部尚书。在文学上，主张“文章合为时而著，歌诗合为事而作”，是新乐府运动的倡导者。其诗语言通俗，人有“诗魔”和“诗王”之称。和元稹并称“元白”，和刘禹锡并称“刘白”。有《白氏长庆集》传世。

延伸阅读

官市

旧事，宫中有要，市外物，令官吏主之。与人为市，随给其直。贞元末，以宦者为使，抑买人物，稍不如本估。末年不复行文书，置白望数百人于两市并要闹坊，阅人所卖物，但称宫市，即敛手付与，真伪不复可辨，无敢问所从来，其论价之高下者，率用百钱物，买人直数千钱物，仍索进奉门户并脚价钱。将物诣市，至有空手时归者。名为宫市，而实夺之。尝有农夫以驴负柴至城卖，遇宦者称宫市取之，才与绢数尺，又就索门户，仍邀以驴送至内。农夫涕泣，以所得绢付之，不肯受。曰：须汝驴送柴至内。农夫曰：我有父母妻子，待此然后食。今以柴与汝，不取直而归，汝尚不肯，我有死而已。遂殴宦者。街吏擒以闻，诏黜此宦者，而赐农夫绢十匹。然宫市亦不为之改易。谏官御史数奏疏谏，不听。上初登位，禁之；至大赦，又明禁。

（韩愈《顺宗实录》卷二）

部分译文：……曾经有农夫用驴驮着木柴到城里去卖，有个太监声称王宫中所设的市肆要买这些（木柴），只给了他几尺宫廷里的丝绸，又就地索取进奉“门户税”，还硬逼着农夫用驴将木柴送到内廷去。农夫开始哭泣，把所得到的绢还给太监。（太监）不肯接受（他的绢），（并且）说：“必须要用你的驴送进去。”农夫说：“我有父母妻子和孩子，靠这（贩卖木柴），然后才能糊口。现在我把我的柴给你，不拿报酬就回去，你还不愿意，我只有一死而已了！”于是殴打了太监。街上的官吏抓到他，然后把他的事报给了朝廷，皇上下诏书开除了这位官员，而且赐给了农民十匹绢，然而“宫市”这种做法也没有因此而改变。谏官和御史多次上奏折提意见，皇上不听从。顺宗皇帝刚刚即位，就禁止了“宫市”的做法。后来遇到大赦天下，就明令禁止这种行为。

考试链接

1. 下列对诗歌理解有误的一项是（　　）

A. “满面尘灰烟火色，两鬓苍苍十指黑”以外貌描写表现了卖炭翁的辛酸劳作。

B. “可怜身上衣正单，心忧炭贱愿天寒”以心理描写反映了卖炭翁悲惨的生活境遇。

C. “一车炭，千余斤，宫使驱将惜不得”以神态描写表现了卖炭翁的勇敢反抗。

D. “半匹红绡一丈绫，系向牛头充炭直”以动作描写揭露了宫使凶残掠夺的面目。

2. 下列对诗歌理解赏析正确的一项是（　　）

A. 这首诗是一首讽喻诗，也是一首叙事诗。从题下自注“苦宫市也”，可以看出诗的主题在于揭露唐朝宫市的公开掠夺性。

B. 白居易是宋朝伟大的现实主义诗人，是新乐府运动的倡导者，他与唐代的李白、杜甫一样都是著名诗人。

C. 全诗完整地记述了卖炭老人烧炭、运炭和卖炭的经过，刻画了卖炭翁受压榨受欺凌但敢于反抗的人物形象。

D. “卖炭翁，伐薪烧炭南山中”运用叙述，“满面尘灰烟火色，两鬓苍苍十指黑”则运用说明，全诗笔法简洁，富有表现力。

3. “晓驾炭车辗冰辙”中的“辗”有什么表达作用？

4. “翩翩两骑来是谁”中的“翩翩”一词表现了宫使怎样的形象？

编注者：张　茜

【参考答案】

1. C　C 选项后面应该改为：表现了卖炭翁的无可奈何。
2. A　B 项：白居易是唐朝的；C 项：卖炭翁不敢反抗；D 项：“满面尘灰烟火色，两鬓苍苍十指黑”则运用描写。
3. 老翁的辛苦，又写出了写出牛车的重量，说明了卖炭翁的勤劳。
4. “翩翩”本意是形容轻快洒脱的情状。这里表现了宫使得意忘形、骄横无理的样子，与卖炭翁为生活操劳凄惨的个人形象形成了鲜明的对比，揭露了唐代“宫市”的罪恶。

[明] 唐寅《草屋蒲团图》

茅屋为秋风所破歌

[唐] 杜甫

扫一扫，听朗读

八月秋高[①]风怒号[②]，卷我屋上三重茅[③]。茅飞渡江洒江郊，高者挂罥[④]长[⑤]林梢，下者飘转沉塘坳[⑥]。

南村群童欺我老无力，忍能[⑦]对面为盗贼。公然抱茅入竹去，唇焦口燥呼不得，归来倚杖自叹息。

俄顷[⑧]风定云墨色，秋天漠漠向昏黑。布衾[⑨]多年冷似铁，娇儿恶卧踏里裂[⑩]。床头屋漏[⑪]无干处，雨脚如麻[⑫]未断绝。自经丧乱[⑬]少睡眠，长夜沾湿[⑭]何由彻[⑮]！

安得广厦[⑯]千万间，大庇[⑰]天下寒士[⑱]俱欢颜[⑲]！风雨不动安如山。呜呼[⑳]！何时眼前突兀[㉑]见[㉒]此屋，吾庐独破受冻死亦足！

注释

①秋高：秋深。

②怒号（háo）：大声吼叫。

③三重（chóng）茅：几层茅草。三，泛指多。

④挂罥（juàn）：挂着，挂住。罥，挂。

⑤长（cháng）：高。

⑥塘坳（ào）：低洼积水的地方（即池塘）。坳，水

边低地。

⑦忍能：忍心如此。

⑧俄顷（qǐng）：不久，一会儿，顷刻之间。

⑨布衾（qīn）：布质的被子。衾，被子。

⑩裂：使动用法，使……裂。

⑪床头屋漏：泛指整个屋子。屋漏，根据《辞源》释义，指房子西北角，古人在此开天窗，阳光便从此处照射进来。

⑫雨脚如麻：形容雨点不间断，像下垂的麻线一样密集。雨脚，雨点。

⑬丧（sāng）乱：战乱，指安史之乱。

⑭沾湿：潮湿不干。

⑮何由彻：如何才能挨到天亮。彻，彻晓。

⑯广厦（shà）：宽敞的大屋。

⑰庇：遮盖，掩护。

⑱寒士：“士”原指士人，即文化人，但此处是泛指贫寒的士人们。

⑲欢颜：喜笑颜开。

⑳呜呼：书面感叹词，表示叹息，相当于“唉”。

㉑突兀（wù）：高耸的样子，这里用来形容广厦。

㉒见（xiàn）：通“现”，出现。

古诗今读

八月里秋深，狂风怒号，狂风卷走了我屋顶上好几层茅草。茅草乱飞，渡过浣花溪，散落在对岸江边。飞得高的茅草缠绕在高高的树梢上，飞得低的飘飘洒洒沉落到池塘和洼地里。

南村的一群儿童欺负我年老没力气，竟忍心这样当面做“贼”抢东西，毫无顾忌地抱着茅草跑进竹林去了。我嘴唇干燥也喝止不住，回来后拄着拐杖，独自叹息。

一会儿风停了，天空中乌云像墨一样黑，深秋天空阴沉迷蒙渐渐黑下来了。布被盖了多年，又冷又硬，像铁板似的。孩子睡觉姿势不好，把被子蹬破了。一下雨，屋顶就漏水，屋内没有一点儿干燥的地方，房顶的雨水像麻线一样不停地往下漏。自从安史之乱之后，我睡眠的时间很少，长夜漫漫，屋漏床湿，怎能挨到天亮。

如何能得到千万间宽敞高大的房子，普遍地庇护天下间贫寒的读书人，让他们开颜欢笑，房子在风雨中也不为所动，安稳得像是山一样？唉！什么时候眼前出现这样高耸的房屋，到那时，即使我的茅屋被秋风所吹破，我自己受冻而死也心甘情愿！

赏析要点

这首诗是作者高尚情怀的具体体现。他的茅屋几乎被狂风和顽童完全摧毁，又遇上了连绵不断的秋雨，屋漏床湿，被冷似铁，全家无法安眠，处境十分悲惨。但诗人从切身体验推己及人，以天下之忧为忧，渴望有广厦千万间为天下贫寒之士解除痛苦，甚至想以个人的牺牲来换取天下寒士的欢颜。诗歌情意真切，文字朴素，未做刻意的经营布置，但由于写出了诗人由极为潦倒不堪之中推开自身往大处着想的思想境界，仍然显出了波澜起伏的转折变化。诗的最后一段表现大庇天下寒士的理想，句法、情感完美配合，随气之短长，以七言、九言错杂，以“呜呼”二字穿插，加强感叹的语气，音调抑扬舒展，收放自如。世上疮痍，诗中圣哲；民间疾苦，笔底波澜！

这首诗可分为四节。

第一节五句，写秋风破屋的情景。“怒号”写风势之大，“卷”“三重”写受害之重。“三重”不是确数，是“多重”的意思。下面“飞”“洒”“挂罥”“飘转”“沉”等动词细致地写出了风吹茅草的情状，读者不难体味出诗人焦灼、苦痛的心情。

第二节五句，写对“群童抱茅”的感叹。南村群童欺侮我年老体衰，竟然忍心在我面前做盗贼！公开地抱着茅草钻进竹林离开，直至喊得唇焦口燥仍不奏效，只好归来倚仗自叹息。“倚仗自叹息”不仅可以想象出诗人气喘吁吁的情形，也可窥视到诗人悲叹群童抱草，屋破难修的无可奈何的心情。此五句写儿童由心理到行动,写自己又从行动到心理，寥寥数语，使人物形象形神俱备。

第三节八句，写屋破又遭连夜雨的苦况。“俄顷”二句不仅浓墨渲染出阴沉黑暗的雨前景象，也烘托出诗人凄恻愁惨的心境。“布衾”二句，写布被使用多年，已变得冷似铁”了，又被娇儿踏破。“床头”二句，写大雨给诗人全家造成的灾难。“自经”二句，表明从安史之乱以来，诗人因忧国忧民，早已难以入眠，更何况“长夜沾湿”，又怎么能挨到天亮呢？诗人彻夜难眠，浮想联翩，由此时联想到丧乱以来,由风雨飘摇的茅屋联想到国家和人民，为下文做好铺垫。

第四节六句，直抒感慨，表达了诗人美好的愿望和高尚的情操。诗人在屋破漏雨的困苦情境中，由己及人、由近及远、由小及大，一想到饱经丧乱、颠沛流离的“天下寒士”在此风雨如磐的困苦中煎熬，他便泯灭了“小我”，为天下受苦受难的人们振臂高呼，发出了黄钟大吕般的强音。“广厦”“千万间”“大庇”“天下”“俱欢颜”“风雨不动安如山”何等粗犷有力的笔锋，何等壮阔深达的形象，何等铿锵雄壮的声音。三句蝉联而下，形成奔腾汹涌的气势，恰切地表现了诗人奔放的激情和殷切的渴望以及博大的胸怀。诗人至此意犹未尽，又于回环往复中递进一层，把由己及人升华到舍己救人：“呜呼！何时眼前突兀见此屋，吾庐独破受冻死亦足！”多么深切的期望！它把诗人舍己为人、至死无悔的高尚情怀表现得淋漓尽致。这是全诗主旨所在，也是最动人，感召力最强之处。

作者掠影

杜甫，盛唐大诗人，人称杜子美（712～770），字子美，自号少陵野老、杜少陵、杜工部等，号称“诗圣”，现实主义诗人，代表作“三吏”（《新安吏》《石壕吏》《潼关吏》）“三别”（《新婚别》《垂老别》《无家别》）。原籍湖北襄阳，生于河南巩县。初唐诗人杜审言之孙。唐肃宗时，官左拾遗。后入蜀，友人严武推荐他做剑南节度府参谋，加检校工部员外郎。故后世又称他杜拾遗、杜工部。他忧国忧民，人格高尚，一生写诗 1500 多首，诗艺精湛，被后世尊称为“诗圣”。

杜甫是我国唐代伟大的现实主义诗人、世界文化名人。其诗以古体、律诗见长，风格多样，以“沉郁顿挫”四字准确概括出他自己的作品风格。杜甫生活在唐朝由盛转衰的历史时期，其诗多涉笔社会动荡、政治黑暗、人民疾苦。

延伸阅读

杜甫小故事一则

一个冬天的某一天，下着鹅毛大雪，杜甫有事要去一个叫梅岭的地方。他雇了一顶四人抬的轿子，就上路了。

行进途中，雪越来越大，鹅毛似的雪片飘飘洒洒，天地间的一切都被皑皑白雪笼罩，一位轿夫突然诗兴大发，随口吟道：片片片片片片片。

接下来，轿夫就不知道怎么接了，憋红了脸苦想。

杜甫在轿里看看不远处的梅岭，苍茫隐晦，巍峨壮观，就接道："雪落梅岭形不见。

那轿夫一听，觉得对得非常好，就是啊，虽然在空中是鹅毛般的雪片，可落在山岭之上，便和地上的大雪融为一体，分不清是哪片了。他就想这个坐轿的是谁啊，当今只有诗圣杜甫杜少陵有这样敏捷的才思，他也接道："此人莫非杜少陵？"

杜甫笑了笑，就接出了最后一句："然然然然然然然。

那么把这四句合起来，就变成了一首比较有意思的诗。

片片片片片片片，雪落梅岭形不见。
此人莫非杜少陵，然然然然然然然。

考试链接

1. 杜甫的诗《茅屋为秋风所破歌》中起承上启下作用的诗句是哪句？

____

2.这首诗中抒发作者虽身居漏雨屋舍仍关心天下百姓疾苦的美好感情的句子是：______________

____

3. 与"但愿苍生俱饱暖，不辞辛苦出山林"有异曲同工之妙的是：______________________________

____

4. 读了这首诗，你看到了一个怎样的诗人形象？请用诗中的句子描绘一下。

编注者：李　波

【参考答案】

1. 唇焦口燥呼不得，归来倚杖自叹息。自经丧乱少睡眠，长夜沾湿何由彻！
2. 安得广厦千万间，大庇天下寒士俱欢颜！
3. 何时眼前突兀见此屋？吾庐独破受冻死亦足！
4. ①年老体弱——唇焦口燥呼不得，归来倚杖自叹息。

   ②生活贫困——布衾多年冷似铁。（床头屋漏无干处）

   ③忧心国事——自经丧乱少睡眠。

   ④关心天下"寒士"——安得广厦千万间，大庇天下寒士俱欢颜！风雨不动安如山。

［明］佚名《岳阳楼图》

登岳阳楼（其一）

[宋] 陈与义

扫一扫，听朗读

洞庭之东江水西，帘旌[①]不动夕阳迟[②]。
登临吴蜀横分地[③]，徙倚[④]湖山欲暮时。
万里来游还望远，三年多难[⑤]更凭危[⑥]。
白头吊古[⑦]风霜里，老木沧波无限悲。

注释

①帘旌（jīng）：酒店或茶馆的招子。

②夕阳迟：夕阳缓慢地下沉。迟，缓慢。

③吴蜀横分地：三国时吴国和蜀国争夺荆州，吴将鲁肃曾率兵万人驻扎在岳阳。横分，这里指瓜分。

④徙倚（xǐ yǐ）：徘徊。

⑤三年多难：1126年（宋钦宗靖康元年）春天北宋灭亡，到写此诗时已有三年。

⑥凭危：指登楼。凭，靠着。危，指高处。

⑦吊古：哀吊，凭吊。

古诗今读

巍巍岳阳楼矗立在洞庭湖之东长江之西。夕阳黄昏，没有晚风，楼阁上的招牌静止不动。

登临当年吴国和蜀国的分界之处（荆州），在湖山黄昏下徘徊。

行程万里，今日登高远望是什么心情？为避战乱我奔波三年。

登楼凭吊古人，我自己已是两鬓如霜，看着远山的古树，青苍中，隐含无限的伤悲。

赏析要点

首联写岳阳楼的地理位置，先从大处着墨，以洞庭湖和长江为背景，在一个宏观视野中的岳阳楼。“洞庭之东江水西”，诗人巧妙地运用了“东”“西”两个方位词，并以湖、江系之，则岳阳楼之所在，如或可见。而后再写举目所见，为“帘旌不动夕阳迟”。这一句是全诗写景浓墨重彩的一笔，看似平常，实则细腻。“帘旌”为近景，“夕阳”为远景，近景远景合二为一，诗人的视线由近及远地扫描，逐渐放开，融入那苍茫的暮色中。不动的帘旌，表明湖面风平浪静；迟落的夕阳，提示着傍晚的安详。这样富有诗情画意的情境，不禁引起诗人丰富的遐想。

颔联从静态舒缓的景物描写中振起，转而为强烈的抒情。仿佛是音乐的变奏，这两句诗似乎是在重复上面的主题，风格却又迥然不同了。“登临吴蜀横分地”，也是在说登临的地理位置，却加入了厚重的历史感；“徙倚湖山欲暮时”，也是在写黄昏时分登楼观景，却融入了些许怅惘之情。这样的渐变，是一种烘托，是一种过渡，是一种物我兼融的摹状。在这里，诗人的主体形象不经意地、自然而然地出现在诗中，他在思索，在徘徊，在融情入景，在借景抒怀。

经过前面的蓄势，诗人终于在颈联以近于直呼的方式，发出了最高亢、最强烈的呐喊：“万里来游还望远，三年多难更凭危。”这两句诗，道出了一个亡国之臣心中的愤懑。“万里”与“三年”对举，分别从空间、时间的跨度上来叙述其事，收到了双重叠加的艺术效果，读之让人感慨万分。诗人的“万里来游”不过是万里逃难的高雅说法，但是又无可奈何。心中的苦闷，只好在“远望”中消解。“三年多难”，本来已经不胜哀伤，却还要在这里登高临危，让人不堪忍受。诗意至此，已经一波三折，千回百转，把感情推向了极致。

诗的最后一联，顾影自怜，以无限悲凉的身世之慨收束全篇。此时，诗人已届四十，到了不惑之年，所以言“白头”；不说伤今，而言“吊古”，含蓄蕴藉，意味深长；“风霜”明指自然事物，实喻社会现实，语意双关；而“老木沧波”更是包裹诗人形象的一件外衣，无限悲恨。这一联似乎是诗人自语，未老先衰头已白，为国事、为家事、为自己，为那些与自己一样国破家亡的同乡们焦虑、忧愁，吊古伤今，感怀伤时，在秋霜的季节里，更觉世事如风霜相逼，冷峭之极。那衰老的枯木、那苍凉的湖面，就像是作者自己。沦落天涯无尽的凄凉，国破家亡的无限悲痛，尽在不言中。

作者掠影

陈与义（1090～1138），宋代诗人，字去非，号简斋，洛阳（今属河南）人。徽宗政和三年（1113年）登上舍甲科。授开德府教授，累迁太学博士。南渡后，召为兵部员外郎、翰林学士、知制诰，官至参知政事。以诗著名，原属江西诗派。宋室南渡后，诗风有了明显转变，由描写个人生活情趣转而抒发爱国思想，由清新明净趋向沉郁悲壮。亦工词，其词意境与诗相近，有清婉奇丽的特点，而豪放处又接近苏轼。有《简斋集》《无住词》。

延伸阅读

诗必穷而后工乎？大概这就是诗与诗人交织悖行的命运吧。个人窘仄的境遇，往往会催发诗人痛彻身心的体验与深邃的哲思。从这个层面上说，感动我们的不是那些精湛的技巧、准切的语言，而是这些精巧背后直彻人心的触动，是那些经历时光洗礼和苦难磨砺，在增长的阅历中沉淀的心性与升华的情感。由薄淡而渐至厚重，恰如浊酒沉淀，愈发醇厚分明。

当个人的困境与国家的败颓遭遇时，那份士人的担当和历史的责任就会以一种磅礴的伟力破开偏仄的眼界，加速情绪的沉淀，让诗与诗人得到一次深刻的升华。屈原如是，杜甫如是，李煜如是……这或是中国诗人无法规避的命运吧，人生多舛，诗路艰涩，蹒跚前行方觉生命的真实厚重，使命的弘沉遥迢。

陈与义，在岳阳楼这个见证中国文人辗转沉浮的文化重镇，毫无意外地和前贤一样，又一次将短暂的个体生命碰撞、融汇到了浩瀚的历史文化群体中，在这个人生低谷与国家飘摇败颓交相融凝的时刻，闪现过他脑海的是范仲淹，更是杜甫。这就是中国最为纯正而传统的士人，这就是中国文化最为坚韧、最富生命力的脊脉。读诗人唯有这份洞识文字背后所蕴藉的文化精神的见识力，方能与之共鸣，为之感发。从这个意义上看，诗歌不也在挑选读者吗？

考试链接

1. 这首七言律诗借景抒情，把自然之景、________和_________融于一体。

2. 对这首诗品析有误的一项是（　　）

A. 首联点明登临位置，从“帘旌”到“夕阳”，写景由远及近。

B. 颔联思昔抚今，忆“吴蜀”融入厚重历史感，说“徙倚”渗透个人惆怅情。

C. 颈联“万里”与“三年”对举，分别从空间和时间跨度上道出了亡国之臣的无尽忧愤。

D. 尾联“风霜”语意双关，“沧波”情景交融，于无限悲凉中收束全篇。

编注者：刘思国

【参考答案】

1. 家国之痛　身世之悲

2. A　“帘旌”为近景，“夕阳”为远景，近景远景合二为一，诗人的视线由近及远地扫描，逐渐放开，融入那苍茫的暮色中。

【明】 唐寅《葑田行犊图》

扫一扫，听朗读

野　望

[唐] 王绩

东皋①薄暮②望，徙倚③欲何依④。
树树皆秋色⑤，山山唯落晖⑥。
牧人驱犊⑦返，猎马带禽⑧归。
相顾无相识，长歌怀采薇⑨。

注释

①东皋（gāo）：诗人隐居的地方。
②薄暮：傍晚。薄，迫近。
③徙倚（xǐ yǐ）：徘徊，来回地走。
④依：归依。
⑤秋色：一作“春色”。
⑥落晖：落日。
⑦犊（dú）：小牛，这里指牛群。
⑧禽：鸟兽，这里指猎物。
⑨采薇：薇，是一种植物。相传周武王灭商后，伯夷、叔齐不愿做周的臣子，在首阳山上采薇而食，最后饿死。古时“采薇”代指隐居生活。

古诗今读

傍晚时分站在东皋纵目远望，我徘徊不定不知该归依何方。

层层树林都染上秋天的色彩，重重山岭披覆着落日的余光。

牧人驱赶着那牛群返还家园，猎人带着猎物走过我的身旁。

大家相对无言彼此互不相识，我长啸高歌真想隐居在山冈！

赏析要点

这首诗写的是山野秋景。全诗于萧瑟怡静的景色描写中流露出孤独抑郁的心情，抒发了惆怅、孤寂的情怀。“东皋薄暮望，徙倚欲何依。”皋是水边地。东皋，指他家乡绛州龙门的一个地方。他归隐后常游北山、东皋，自号“东皋子”。“徙倚”是徘徊的意思。“欲何依”，化用曹操《短歌行》中“月明星稀，乌鹊南飞，绕树三匝，何枝可依”的意思，表现了百无聊赖的彷徨心情。

下面四句写薄暮中所见景物：“树树皆秋色，山山唯落晖。牧人驱犊返，猎马带禽归。”举目四望，到处是一片秋色，在夕阳的余晖中越发显得萧瑟。在这静谧的背景之上，牧人与猎马的特写，带着牧歌式的田园气氛，使整个画面活动了起来。这四句诗宛如一幅山家秋晚图，光与色，远景与近景，静态与动态，搭配得恰到好处。

然而，王绩还不能像陶渊明那样从田园中找到慰藉，所以最后说：“相顾无相识，长歌怀采薇。”说自己在现实中孤独无依，只好追怀古代的隐士，和伯夷、叔齐那样的人交朋友了。

读熟了唐诗的人，也许并不觉得这首诗有什么特别的好处。可是，如果沿着诗歌史的顺序，从南朝的宋、齐、梁、陈一路读下来，忽然读到这首《野望》，便会为它的朴素而叫好。南朝诗风大多华靡艳丽，好像浑身裹着绸缎的珠光宝气的贵妇。从贵妇堆里走出来，忽然遇见一位荆钗布裙的村姑，她那不施脂粉的朴素美就会产生特别的魅力。王绩的《野望》便有这样一种朴素的好处。

这首诗的体裁是五言律诗。自从南朝齐永明年间，沈约等人将声律的知识运用到诗歌创作当中，律诗这种新的体裁就已酝酿着了。到初唐的沈佺期、宋之问手里，律诗遂定型化，成为一种重要的诗歌体裁。而早于沈、宋六十余年的王绩，已经能写出《野望》这样成熟的律诗，说明他是一个勇于尝试新形式的人。这首诗首尾两联抒情言事，中间两联写景，经过情——景——情这一反复，诗的意思更深化了一层。这正符合律诗的一种基本章法。

作者掠影

王绩（约 590～644），唐代诗人，字无功，号东皋子，绛州龙门（今山西河津）人。隋末举孝廉，除秘书正字。不乐在朝，辞疾，复授扬州六合丞。

时天下大乱，弃官还故乡。唐武德中，诏以前朝官待诏门下省。贞观初，以疾罢归河渚间，躬耕东皋，自号“东皋子”。性简傲，嗜酒，能饮五斗，自作《五斗先生传》，撰《酒经》《酒谱》。其诗近而不浅，质而不俗，真率疏放，有旷怀高致，直追魏晋高风。律体滥觞于六朝，而成型于隋唐之际，无功实为先声。

延伸阅读

斗酒学士

王绩性情旷达，嗜酒如命。唐武德八年（625年），朝廷征召前朝官员，王绩以原官待诏门下省。按照门下省例，日给良酒三升。其弟王静问：“待诏快乐否？”回答说：“待诏俸禄低，又寂寞，只有良酒三升使人留恋。”侍中陈叔达闻之，由三升加到一斗，时人称为“斗酒学士”。

贞观初（627年），太乐署史焦革善酿酒，王绩自求任太乐丞。后因焦氏夫妇相继去世，无人供应好酒，于是弃官还乡。回到东皋后，他把焦革制酒的方法撰为《酒经》一卷；又收集杜康、仪狄等善于酿酒者的经验，写成《酒谱》一卷。在所居之东皋，为杜康建造祠庙，并把馈赠过美酒的焦革也供进庙中，尊之为师，撰《祭杜康新庙文》以记之。王绩因对现实不满，终于走上隐居之路，但有人以酒邀者，无不乐往。其《醉乡记》《五斗先生传》《酒赋》《独酌》《醉后》等诗文，均被太史令李淳风誉为“酒家之南董”。此，他更加肆意纵酒，放情山水，以诗赋自慰，把自己比作阮籍、嵇康、刘伶、陶渊明一类人物。至贞观十八年（644年）逝世以前，他一直都过着这种生活。

王绩除了喝酒，就读书，他把《周易》《老子》《庄子》等书，放在床头阅读，其他的书很少看。他曾游历过北山东皋，自称是“东皋子”。

考试链接

1. 首联“东皋薄暮望，徙倚欲何依”描绘了怎样的一幅画面？

2. 结合全诗内容，简析诗人“长歌怀采薇”的原因。

3. 诗人在诗中流露了怎样的感情？

编注者：林新杰

【参考答案】

1. 描绘了一幅满天秋色、江天寥阔、山清水秀，水波清冷、峰峦叠嶂的富有诗意的山水画。
2. 诗人在现实生活中辗转漂泊，彷徨苦闷，找不到精神归宿，又没有真正的知己，所以只得“长歌怀采薇”，即放声高歌，追怀伯夷、叔齐那样的隐逸高士，引为神交密友。
3. 首尾两联抒情言事，中间两联写景，借景抒情，表现了百无聊赖的彷徨心情和在现实中孤独无依、只好追怀古人的落寞心绪。

[明] 陆治 《桃花小鸟图扇》

扫一扫，听朗读

春日忆李白

[唐] 杜甫

白也诗无敌，飘然思不群。
清新庾开府①，俊逸鲍参军②。
渭北春天树，江东③日暮云。
何时一樽酒，重与细论文④？

注释

①庾开府：指庾信，南北朝时著名诗人。
②鲍参军：鲍照，南北朝时著名诗人。
③渭北、江东：分别指当时杜甫所在的长安一带与李白所在的长江下游南岸地区。
④论文：此处指论诗。

古诗今读

捧起李白的诗，才知道什么叫无人可比；什么叫天马行空、潇洒飘逸，这种才思，凡人难以企及。这样的诗，总带着一股清爽气息，读到它，庾信向我走来；又带着三分俊逸，读到它，鲍照与我同在。如今，我在渭北，独对着春天的树木；你在江东，远望日暮的云雾。天各一方，我们遥相思念，却不能互诉衷肠。不知何时才能再见，我和你，慢慢地饮一杯酒，细细地品一品诗。

赏析要点

对李白奇伟瑰丽的诗篇，杜甫在题赠或怀念李白的诗中，总是热烈赞美。首句称赞他的诗冠绝当代，第二句说他之所以诗无敌，就在于他的思想情趣卓异不凡。首联的“也”“然”两个语助词，既加强了赞美的语气，又加重了诗无敌、思不群的分量。

第二联接着换个角度细述李白诗歌的风格：相对于庾信的诗清新而不俊逸，鲍照的诗俊逸而不清新，李白的诗兼而有之，这种赞美是极高的。从此诗坦荡真率的赞语中，也可以看出杜甫对李白的诗作十分钦仰。这不仅表达了他对李白诗的无比喜爱，也体现了他们的诚挚友谊。前两联是因忆其人而忆及其诗，赞诗亦即忆人。

第三联只是写了作者和李白各自所在之景，提及春天树和日暮云时未做任何修饰描绘。然而作者把它们组织在一联之中，却让人产生种种联想。作者在渭北遥望南天，唯见天边的云彩，这明显是实写；而李白在江东翘首北国，惟见远处的树色，却分明是杜甫的想象，属于虚写。虚写对方思念自己更能表现自己思念对方，虚实之间激发读者无限的想象，这是妙处之一。写友人之间的思念却不直言，只写春树、暮云，在写景中让人品悟到远隔山水浓浓的离情，不着一字却尽得风流，这是妙处之二。

末联说：什么时候才能再次欢聚，像过去那样，把酒论诗啊！把酒论诗，这是作者最难忘怀、最为向往的事，以此作结，正与诗的开头呼应。说重与，是说过去曾经如此，这就使眼前不得重晤的怅恨更为悠远，加深了对友人的怀念。用何时作诘问语气，把希望早日重聚的愿望表达得更加强烈，使结尾余意不尽，回荡着作者的无限思情。

全诗以赞诗起，以论文结，由诗转到人，由人又回到诗，转折过接，极其自然，通篇始终贯穿着一个忆字，把对人和对诗的倾慕怀念，结合得水乳交融。以景寓情的手法，更是出神入化，把作者的思念之情，写得深厚无比，情韵绵绵。

作者掠影

杜甫（712～770），字子美，自号少陵野老，世称“杜工部”“杜少陵”，也称杜草堂，河南巩县（今巩义市）人。代表作“三吏”（《新安吏》《石壕吏》《潼关吏》）“三别”（《新婚别》《垂老别》《无家别》）。杜甫共有约 1500 首诗歌被保留了下来，大多集于《杜工部集》。

杜甫以“沉郁顿挫”四字准确概括出自己作品

的风格，“至于沉郁顿挫，随时敏捷，而扬雄、枚皋之徒，庶可跂及也”。杜诗风格的形成，与儒家思想关系密切，他有“致君尧舜上，再使风俗淳”的抱负。杜甫的诗歌内容多能反映当时的社会面貌，题材广泛，寄意深远，多抒发悲天悯人的情怀，杜甫被后人尊为“诗圣”，其诗被称为“诗史”。

延伸阅读

杜甫对李白的“偶像情结”

天宝三载（744 年），杜甫和李白初识于洛阳。当时，李白四十四岁，因不为权贵所容而被唐明皇赐金放还，而小他十一岁的杜甫则在十年前考进士不第后，就一直游历四方，正好这个时候到了东都洛阳。这或许就是所谓的“宿命”的相遇吧。

闻一多先生认为李杜的相遇是中国文学史上最为激动人心的一刻，或许只有老子与孔子的相遇能与之相比，并把这次相遇比作“太阳和月亮的相碰”。那么李白和杜甫二人，谁是“太阳”？谁是“月亮”呢？从创作风格来看，李白是太阳，热情奔放；杜甫是月亮，内敛深沉。从当时的影响力来看，李白依旧是“太阳”，诗名远播，光芒四射。李白此时虽已丢掉了御用诗人的宝座，却仍然是钦定的桂冠诗人，“天下无人不识君”。杜甫仍然是“月亮”，诗名未就，光华初露。殊不知，这时的“月亮”，他日却放射出和太阳一样耀眼的光芒。不过从两人当时的地位可推想出，李白的声名与才气使得杜甫对他的仰慕如长江流水，奔涌而出。杜甫能与这位著名大诗人相遇相交，其受宠若惊的心情可想而知，所以也格外珍惜这一段友情，为他日后写下二十多首与李白有关的诗歌埋下伏笔。

李白和杜甫两位诗人一见如故，惺惺相惜。他们经常举杯畅饮，携手同游，谈诗论文，议论时事，两人谈得非常投机，再加上又都是酒国中人，欢饮达旦中各显出一番天真来。杜甫后来在《寄李十二白二十韵》一诗中写道：“剧谈怜野逸，嗜酒见天真”，说的是自己和李白高谈阔论，而酒中的李白最能表现出他的个性本色，最能张扬他的人格魅力。随着和李白交往的日益加深，杜甫对李白的了解更为深入。李白的诗歌才情，人格魅力和人生态度都让杜甫钦佩不已，“偶像”情结迅速滋生。

考试链接

1. 这首诗的开头四句从哪三个方面对李白的诗

做出了什么样的高度评价？

2. “渭北春天树，江东日暮云”一联表达了作者什么样的思想感情？用了何种表现手法？

3. 说说这首诗的构思脉络。

编注者：王瑞祥

【参考答案】

1. ①诗坛地位，无人可比；②诗的思想情趣，洒脱不凡；③诗的风格，清新、俊逸。
2. 表达了翘首遥望的思念之情：作者思念友人李白，想象李白也在思念自己。用了借景抒情、情景交融的表现手法。
3. 立足于诗，怀念李白：从赞美李白的诗歌开始，转为对李白的思念，最后以渴望相见、切磋诗艺作结。

【明】沈完《兰亭修禊图》

扫一扫，听朗读

与诸子[1]登岘山[2]

[唐] 孟浩然

人事有代谢[3]，往来[4]成古今。
江山留胜迹，我辈复登临[5]。
水落鱼梁[6]浅，天寒梦泽[7]深。
羊公碑[8]尚在，读罢泪沾襟。

注释

①诸子：指诗人的几个朋友。

②岘（xiàn）山：一名岘首山，在今湖北襄阳城以南。

③代谢：交替变化。

④往来：旧的去，新的来。

⑤登临：登山观看。

⑥鱼梁：沙洲名，在襄阳鹿门山的沔水中。

⑦梦泽：云梦泽，古大泽，即今江汉平原。

⑧羊公碑：后人为纪念西晋名将羊祜而建。羊祜镇守襄阳时，常与友人到岘山饮酒赋诗，有过江山依旧人事短暂的感伤。

古诗今读

人间世事不停地交替变换，来来往往的时日形成古今。

江山保留着历代名胜古迹，而今我们又重新登临观赏。

鱼梁洲因水落而露出江面，云梦泽由天寒而迷蒙幽深。

羊祜碑如今依然巍峨矗立，读罢碑文泪水沾湿了衣襟。

赏析要点

这是一首触景伤情的感怀之作。

首联两句"人事有代谢，往来成古今"，是一个平凡的真理。大至朝代更替，小至一家兴衰，以及人们的生老病死、悲欢离合，人事总是在不停地变化着，没有谁感觉不到。首联两句凭空落笔，似不着题，却引出了作者的心事，饱含着深深的沧桑之感。

颔联两句紧承首联。"江山留胜迹"是承"古"字，"我辈复登临"是承"今"字。作者的伤感情绪，便是来自今日的登临。此处所说的"胜迹"，是指山上的羊公碑和山下的鱼梁洲等。

颈联两句写登山所见。"浅"指水，由于"水落"，鱼梁洲更多地呈露出水面，故称"浅"；"深"指梦泽，辽阔的云梦泽，一望无际，令人感到深远。

尾联两句将"岘山"扣实。"羊公碑尚在"，一个"尚"字，十分有力，它包含了复杂的内容。羊祜镇守襄阳，是在晋初，而孟浩然写这首诗却在盛唐，中间隔了四百余年，朝代的更替，人事的变迁，是非常巨大的。然而羊公碑却还屹立在岘首山上，令人敬仰。与此同时，又包含了作者伤感的情绪。四百多年前的羊祜，为国（指晋）效力，也为人民做了一些好事，因此名垂千古，与山俱传；想到自己仍为"布衣"，无所作为，死后难免湮没无闻，这和"尚在"的羊公碑，两相对比，令人伤感。因之，就不免"读罢泪沾襟"了。

整首诗语言通俗易懂，感情真挚动人，虽平淡却见深远。清沈德潜评孟浩然诗词："从静悟中得之，故语淡而味终不薄。"这首诗的确有如此情趣。

作者掠影

孟浩然（689～740），唐代著名的山水田园派诗人。名浩，字浩然，襄州襄阳（现湖北襄阳）人，世称孟襄阳。因他未曾入仕，又称之为孟山人。

孟浩然生当盛唐，早年有志用世，在仕途困顿、痛苦失望后，尚能自重，不媚俗世，修道归隐终身。曾隐居鹿门山。40岁时，游长安，应进士举不第。曾在太学赋诗，名动公卿，满座倾服，为之搁笔。开元二十五年（737年）张九龄招致幕府，后隐居。孟诗绝大部分为五言短篇，多写山水田园和隐居的逸兴以及羁旅行役的心情。

孟浩然的诗在艺术上有独特的造诣，后人把孟浩然与盛唐另一山水诗人王维并称为"王孟"，有《孟浩然集》三卷传世。

延伸阅读

王维与孟浩然诗风的异同

王维、孟浩然虽都是盛唐田园山水诗的代表作家，但由于他们生活环境和性格气质的不同，在诗的写法和艺术风格方面是有区别的。

首先从艺术特点来比较。王维的诗是诗中有画，画中有诗。如《山居秋暝》是自然美与心境美融为一体，创造出空明境界和宁静之美。孟浩然诗是从高远处入笔，自寂寞处低徊，随意点染的景物与清淡的情思相融，形成平淡清远而意兴无穷的明秀诗境。如《临洞庭湖赠张丞相》所描述的境界是宏阔，气势是壮大。

其次从诗的风格来比较。孟浩然和王维的山水诗都不追求词藻的华美，而是力求自然地表现山水本身的美，同时他们也都在山水诗中尽力表现自己的个性。孟浩然常在山水描写中融入游子漂泊之感，由于心情孤寂，山水也染上了一层清冷的色彩，有时诗人被作为画面的一部分而写进诗里。孟诗缺乏对理想的追求，其基本风格是恬淡孤情。王维的山水诗则往往渗透着佛家虚无冷寂的情调，诗人努力去追求那种远离尘嚣的空而寂的境界，故许多山水诗中不见诗人的影子，却能感到他沉浸在寂静的快乐中，表现了对大自然的浓厚兴趣。

最后从诗的内容来比较。王诗在反映社会生活的广度和深度上比孟诗略胜一筹。就山水诗而言，王维受佛教思想影响较深，处处可见受绘画影响的痕迹，这些在孟诗中都很难找到。就田园诗而言，王维善于写静，以有声写无声，是幽静，而孟诗中的静往往是“寂静”，是直写其静；王诗中的景色是一幅幅静美的田园画，孟诗则如一个个蒙太奇镜头；王诗“物我一体”，是“无我之境”，孟诗往往有诗人活动的影子，是“有我之境”；孟诗喜直接抒情、议论，王诗多以景见情，情景交融。二人各有千秋。

总之，王维的诗是丰润而富有生趣，孟浩然的诗是清淡而韵味悠长。有如人在品尝一壶上好的茶，使人回味无穷。

考试链接

1．诗人孟浩然与________齐名，同为唐代________诗派代表诗人，但本诗在题材上属于________

______________。

2. 对这首诗歌分析不正确的一项是（　　）

A. 诗首联以一种笼罩古今的豪情和笔力，既写出无限的伤感情绪，也包含积极的用世思想。

B. 颈联写远眺所见，以景写情，寓有凄清冷落之意。

C. 这首诗辞藻华丽，用典贴切，意蕴丰厚，韵致深婉，体现孟浩然诗古澹清远的风格。

D. 这首诗歌先虚后实，先议论后写景感慨，打破了传统“触景生情”的写法。

3. 尾联中，诗人“泪沾襟”的原因是什么？

编注者：刘　军

【参考答案】

1. 王维　山水田园　咏史怀古诗
2. C
3. 羊公碑至今还屹立在岘山上，令人仰慕；而诗人自己空有匡世济国的愿望，却报国无门，无所作为，死后难免如羊祜所说“湮灭无闻”。想及于此，诗人不免黯然神伤。

［明］仇英《捣衣图》

贫　女

［唐］秦韬玉

扫一扫，听朗读

蓬门①未识绮罗②香，拟③托良媒④益⑤自伤。
谁爱风流⑥高格调⑦，共怜⑧时世俭梳妆⑨。
敢将十指夸针巧，不把双眉斗⑩画长。
苦恨⑪年年压金线⑫，为他人作嫁衣裳。

注释

①蓬门：用蓬茅编扎的门，指穷人家。

②绮罗：华贵的丝织品或丝绸制品。这里指富贵妇女的华丽衣裳。

③拟：打算。

④托良媒：拜托好的媒人。

⑤益：更加。

⑥风流：指意态娴雅。

⑦高格调：很高的品格和情调。

⑧怜：喜欢，欣赏。

⑨时世俭梳妆：当时妇女的一种妆扮。

⑩斗：比较，竞赛。

⑪苦恨：非常懊恼。

⑫压金线：用金线绣花。“压”是刺绣的一种手法，这里作动词用，是刺绣的意思。

古诗今读

穷人家的女儿不识绮罗的芳香，想托个好媒人说亲却更感到悲伤。

谁能爱我高尚的品格和情调？都喜欢当下流行的浓妆而我梳妆简朴。

我敢自夸十指灵巧针线做得精美，决不天天描眉画目与人争短比长。

非常懊恼年年手里拿着金线刺绣，都是替富人家小姐做出嫁的婚衣。

赏析要点

这首诗语义双关，内涵丰富。以未嫁贫女的独白贯穿始终，既可以看着贫家女的自艾自怜和无比惆怅感伤，也可以看成是怀才不遇的诗人无处施展才华、寄人篱下、怅恨不已的自我表述。

“蓬门未识绮罗香，拟托良媒益自伤”：首联从姑娘的穿着切入，出身于蓬门陋户，自幼粗衣布裳，绫罗绸缎从来没穿过。这是一个纯洁朴实的女子。因为贫穷，没有人来做媒。抛开女儿家的羞怯矜持请人去做媒吧，可是每生此念头，便不由加倍地伤感。

“谁爱风流高格调，共怜时世俭梳妆”：谁能爱我高尚的品格和情调？却都喜欢时下正流行的俭妆。这是当时的世风，我空有操守又能如何？

“敢将十指夸针巧，不把双眉斗画长”：敢夸十指灵巧针线做得精美，决不天天描眉与人争短比长。纵使自己有灵巧的双手，怎能敌得过别人的描眉画眼？人们只会看重外在的，谁会在乎内在的心灵手巧？

“苦恨年年压金线，为他人作嫁衣裳”：深恨年年手里拿着金线刺绣，都是替富人家小姐做嫁衣裳。个人的亲事毫无进展，却要每天压线刺绣，不停息地为别的姑娘做嫁。日复一日，年复一年，一针针刺痛着自家伤痕累累的心灵。至此贫女的独白戛然而止，主人公的忧伤悲凉的形象便呼之欲出。良媒不问蓬门之女的背后，寄托着的是寒士出身贫贱、举荐无人的苦闷哀怨；夸指巧而不斗眉长，隐喻着寒士内美修能、超凡脱俗的孤高情调；谁爱风流高格调，那就是世人皆醉我独醒的封建文人的孤芳自赏；为他人作嫁衣裳，则是屈居人下，日日空为上级服务，却没有出头之日的悲叹。诗情哀怨沉痛，反映了封建社会贫寒士人不为世用的愤懑和不平。“苦恨年年压金线，为他人作嫁衣裳”的慨叹，写出了许多人的心声，引起很多人的共鸣，特别是那些怀才不遇、久居人下，却有满腹才华的封建文人，更是感同身受。

纵观整首诗，从字面上看是咏叹贫女的身世，实际上寄托了贫士怀才不遇的感时伤世之感。

作者掠影

秦韬玉，唐代诗人，生卒年不详，字中民，一作仲明，京兆（今陕西西安市）人，或云郃阳（今陕西合阳）人。出生于尚武世家，父为左军军将。少有词藻，工歌吟，却累举不第，后谄附当时有权势的宦官田令孜，充当幕僚，官丞郎，判盐铁。黄巢起义军攻占长安后，他从僖宗入蜀，中和二年（882）特赐进士及第，编入春榜。田令孜又擢其为工部侍郎、神策军判官。时人戏为“巧宦”，后不知所终。

秦韬玉的诗作皆为七言，构思奇巧，语言清雅，意境浑然，多有佳句，艺术成就很高。著有《投知小录》三卷，《全唐诗》录存其诗三十六首，编为一卷。

延伸阅读

怀才不遇的屈原

屈原是战国时代楚国的三闾大夫，他提倡要团结其他国家，来抵抗野心勃勃的秦国，但是楚怀王偏偏听信了小人的坏话，不肯听从屈原的劝告，结果被骗到秦国，关了起来。最后死在秦国。继位的楚襄王也受到小人的挑拨离间，误信屈原居心不良，不但没有听从屈原明智的劝告，还把他从楚国放逐了。

心怀大志，一直为国担忧的屈原，因为眼看着国家危难而无法拯救他的国家、无法实现他的理想，整天都非常忧愁，常常独自在江边徘徊叹息。有一天，一位在江边钓鱼的渔夫问他为什么这么失意落魄。屈原叹气说：“举世皆醉唯我独醒，举世皆浊唯我独清。”心中的感叹和无奈，在这两句话中都说得很明白了。

不久，这位怀才不遇的诗人就抱着砂石，投汨罗江自杀了。楚国的人民知道这个消息之后，都不约而同地赶到江边来，想找寻他们所敬爱的屈原，可是一直都找不到屈原的身体。为了不让水中的鱼虾把屈原的身体吃掉，他们就在江上划着龙舟、敲锣打鼓，希望能将鱼虾赶跑；还用粽叶包米饭，作成粽子，投到江里喂给鱼虾吃，希望屈原的身体不要受到伤害。

这就是划龙舟、包粽子的由来。屈原投汨罗江这一天，正好是农历的五月五日。大家为的是怀念这位诗人、纪念他的爱国精神，并且提醒在位的人，要能分辨出小人与忠贞志士说的话。因此，在每年的农历五月五日这一天，都会举行划龙船、包粽子的活动。

考试链接

1. 这首诗主要通过对比来塑造贫女这一人物形象，请作简要分析。

2. 沈德潜说这首诗“语语为贫士写照”，请结合全诗作简要分析。

编注者：师　文

【参考答案】

1. （1）将贫女高超的才干和不同流俗的品格与世俗之人对时尚、浮华的追求进行对比；
   （2）将贫女自身贫贱、无人理睬的现实与贫女不同流俗的品格、高超才干进行对比。
2. 良媒不问蓬门女，寄托着寒士出身贫贱，举荐无人的哀怨；夸指巧而不斗眉长，隐喻寒士内修美能，超凡脱俗的孤高品格；为人作嫁让人想到那些终年为上司捉刀献策却久屈下僚的读书人。这首诗哀怨沉痛，反映了封建社会贫寒士人不被重用的愤懑与不平。

[清] 顾沄 《怡园图册四》

扫一扫，听朗读

浣 溪 沙[1]

[宋] 晏殊

一曲新词[2]酒一杯，去年天气[3]旧亭台[4]。夕阳西下几时回[5]？

无可奈何[6]花落去，似曾相识[7]燕归来[8]。小园香径[9]独徘徊。

注释

①《浣溪沙》：词牌名，即曲的谱子。《浣溪沙》是一首小令。

②新词：刚填好的词，意指新歌。

③去年天气：跟去年此日相同的天气。

④旧亭台：曾经到过的或熟悉的亭台楼阁。

⑤几时回：什么时候回来。

⑥无可奈何：不得已，没有办法。

⑦似曾相识：好像曾经认识。形容见过的事物再度出现。后用作成语，即出自晏殊此句。

⑧燕归来：燕子从南方飞回来。

⑨小园香径：花草芳香的小径，或指落花散香的小径。因落花满径，幽香四溢，故云香径。

古词今读

听一支新曲喝一杯美酒，还是去年的天气旧日的亭台，西落的夕阳何时再回来？

那花儿落去我也无可奈何，那归来的燕子似曾相识，在小园的花径上独自徘徊。

赏析要点

这是晏殊一首脍炙人口的小令，字面上明白如话，但历来人们对其内容的理解却很不一致，有的说是表现年华易逝的伤感，有的说是抒发故旧之情。应该说二者兼有。

一曲新词酒一杯：起句描绘眼前环境，对酒，听歌。词人开始是怀着轻松喜悦的感情，带着潇洒安闲的意态的。仅这一句，读者几乎无法猜出词人的心理活动。

去年天气旧亭台：是对眼前环境的描绘，不过已由人事转向节气、场所。是饮酒听歌的人与事和同样的天气、亭台，触发了词人对去年 所历类似境界的追忆。去年二字把今昔两幅相同的画面重叠在一起了：一样的暮春天气，一样的楼台亭阁，一样的清歌美酒——作者的眼前分明幻出去年唱者的动人、听者的动心和不能言传的动情场景。这眼中景、心中事无疑维系着那位意中人，尽管未着一个人字。

夕阳西下几时回：夕阳西下是眼前景，但也是去年情事的再现。天气亭台夕阳，一切都与去年无殊。然而，“几时回” 三字却道出了今昔的迥异，吐露出难以藏抑的怀人之情。作者即景兴感，由岁月流逝和与此相关的人事的变化，扩展到整个人生，有前人年年岁岁花相似，岁岁年年人不同的意蕴，低回流连，怅惘和希望交织在一起。

无可奈何花落去，似曾相识燕归来：这两句巧借眼前景物，着重写今日的感伤。花落去，惋惜美好生活的消逝；燕归来，是故地陈迹所引起的依稀之感。靓姿幽芳，飘逝无回，去者何其无情；残踪剩影，朦胧仿佛，遗存者又何其有情。花落燕归虽也是眼前景，但一经与无可奈何似曾相识相联系，它们的内涵便变得非常广泛，带有美好事物象征的意味。在惋惜与欣慰的交织中，蕴含着某种生活哲理：一切必然要消逝的美好事物都无法阻止其消逝，但消逝的同时仍然有美好事物的再现，生活不会因消逝而变得一片虚无，只不过这种重现毕竟不等于美好事物原封不动的重复，它只是似曾相识罢了。这两句对语工整，是晏殊的得意之句，也受到后人的推许。

小园香径独徘徊：在落英缤纷的小园里，在去年携手同游过的小径上，词人孤身只影，踯躅徘徊，在寻觅旧踪，重温旧梦，也是在对所见、所忆、所感做深沉的反省与思索。词人独徘徊的身影，既见其惜春怀人的绵绵深情，也把读者带进一个驰骋想象的广阔天地，正是含不尽之意见于言外 。这种含蓄的结尾，无疑更丰富了作品的艺术容量。

作者掠影

晏殊（991～1055），宋代著名词人、诗人、散文家，字同叔，抚州临川（今江西省抚州市）人，是当时抚州籍的第一个宰相。13 岁时，以神童召试，赐同进士出身。他是北宋前期较早的词家，时人称他和他的第七子晏几道（1037～1110）为“大晏”和“小晏”。其作品大多反映富贵悠闲的生活，尤其以词的艺术成就著称，能以疏淡娴雅的语言写出较深的含义，音韵和谐，意境清新。著有《珠玉词》。

延伸阅读

年少德高

晏殊从小聪明好学，5 岁就能创作，有“神童”之称。

景德元年（1004 年），江南按抚张知白听说这件事，将他以神童的身份推荐。次年，14 岁的晏殊和来自各地的数千名考生同时入殿参加考试，晏殊的神色毫不胆怯，用笔很快完成了答卷。受到真宗的嘉赏，赐同进士出身。

宰相寇准说道：“晏殊是外地人。”皇帝回答道：“张九龄难道不是外地人吗？”过了两天，又要进行诗、赋、论的考试，晏殊上奏说道：“我曾经做过这些题，请用别的题来测试我。”他的真诚与才华更受到真宗的赞赏，授其秘书省正事，留秘阁读书深造。他学习勤奋，交友持重，深得直使馆陈彭年的器重。三年，召试中书，任太常寺奉礼郎。

考试链接

1. 下列对本词的理解不正确的一项是（　　）

A. 这首词抒写对人事变迁、聚散无定的惆怅和对春意衰残、时光流逝的叹惋。

B. 对春花落去、燕子归来的景象，词人既感到似曾相识，又觉得无可奈何。

C. 词的上阕，写词人看着眼前的景况，勾起了对昔日欢聚的回顾，由此感叹时光的易逝。

D. 词的下阕，描写春花的凋谢飘落及燕子的归来，抒发了词人伤春怀旧的情感。

2. 下列对本词赏析不正确的一项是（　　）

A. “夕阳西下几时回？”一句，表面是在发问，实际上是在抒发一种深重的感慨。

B. “无可奈何花落去，似曾相识燕归来”这两句将景与情紧密地融合在一起，景中寓情，情景交融。

C. “小园香径独徘徊”一句中“徘徊”反映了词人的心绪不宁，“独”字更道出了词人孤寂之深，伤感之重。

D. 词人巧妙运用典故，善于用白描的手法写景抒情，语言平实直白。

3. 全诗的思绪都围绕“________________”字来抒写。

编注者：耿春艳

【参考答案】

1. B

2. D

3. 独

[清] 任熊 《姚大梅诗意图》册第 80 图《团扇桃根可怜曲》

如梦令

[宋] 李清照

扫一扫，听朗读

常记[①]溪亭[②]日暮，沉醉不知归路。兴尽[③]晚回舟，误入[④]藕花[⑤]深处。争渡[⑥]，争渡，惊起一滩鸥鹭[⑦]。

注释

①常记：时常记起。“难忘”的意思。

②溪亭：临水的亭台。

③兴尽：尽了兴致。

④误入：不小心进入。

⑤藕花：荷花。

⑥争渡：怎渡，怎么才能划出去。争，怎样才能。

⑦鸥鹭：这里泛指水鸟。

古词今读

时常记起在溪边的亭子游玩，直到夕阳西下。深深地沉醉其中，而忘记归路。

一直玩到兴尽往回划船，却不小心迷路了，误入荷花深处。

划呀，划呀，惊动得满滩的水鸟翩跹飞起。

赏析要点

“常记”两句起得自然，不经意间把读者引到作者创造的词境。“常记”明确表示追述，地点在“溪亭”，时间是“日暮”，作者饮宴以后，已经醉得连回去的路径都辨识不出了。“沉醉”二字却透露了作者心底的欢愉，“不知归路”也曲折传递出作者流连忘返的情致，看起来，这是一次给作者留下了深刻印象的十分愉快的游赏。

果然，接写的“兴尽”两句，就把这种意兴递进了一层，兴尽方才回舟。而“误入”一句，行文流畅自然，毫无斧凿痕迹，同前面的“不知归路”

相呼应，显示了主人公的忘情心态。盛放的荷花丛中正有一叶扁舟摇荡，舟上是游兴未尽的少年才女，这样的美景，一下子跃然纸上，呼之欲出。

一连两个“争渡”，表达了主人公急于从迷途中找寻出路的焦灼心情。正是由于“争渡”，所以又“惊起一滩鸥鹭”，把停栖在沙洲上的水鸟都吓飞了。至此，词戛然而止，言尽而意未尽，耐人寻味。

这首小令用词简练，只选取了几个片段，把移动着的风景和作者怡然的心情融合在一起，写出了作者青春年少时的好心情，让人不由想随她一道荷丛荡舟，沉醉不归。正所谓“少年情怀自是得”，这首诗不事雕琢，富有一种自然之美。

作者掠影

李清照（1084～1155），宋代（南北宋之交）女词人，婉约词派代表，有“千古第一才女”之称。号易安居士，山东省济南章丘人。所作词，前期多写其悠闲生活，后期多悲叹身世，情调感伤。形式上善用白描手法，自辟途径，语言清丽。论词强调协律，崇尚典雅，提出词“别是一家”之说，反对以作诗文之法作词。能诗，留存不多，部分篇章感时咏史，情辞慷慨，与其词风不同。有《易安居士文集》《易安词》，已散佚。后人有《漱玉词》辑本。今有《李清照集校注》。

延伸阅读

父廉母贤家教端

在封建礼教日益强化的北宋社会，男子的成长，除了家庭影响，学馆、职业、社会和社交圈子往往起很大作用。女子却不同，她们的精神营养，主要是来自家教和书籍。

一般说来，女子最初的德言音容，受其母的影响往往更大更直接。李清照的情况虽然不尽如此，她的母亲的贤良淑德及擅长诗文对她也有直接影响。《宋史·李格非传》云：“妻王氏，拱辰孙女，亦善文。”也有另一说法，清照母亲即是时任宰相的侄女。王氏对清照的影响，除了她作为名门之后下嫁到“位下”（清照语）的李家而又能自甘清贫的贤良可贵之外，更重要的是由她所承传的文学基因，对强化女儿文学才华有重要意义。

父亲李格非，对她有深刻的影响。《宋史·李格非传》云："李格非，字文叔，济南人。其幼时，俊警异甚。有司方以诗赋取士，格非独用意经学，著《礼记说》至数十万言。遂登进士第。调冀州司户参军，试学官，为郓州教授。郡守以其贫，欲使兼他官，谢不可。……"在李清照出生前后的一段时间，李家家境相当清贫，以致"郡守"对其父的清苦动了恻隐之心，想让他兼任其他职务，以增加俸禄，而他竟能以"不可"加以谢辞！李格非认为政府公务人员不应该"搞第二职业"，而应该敬业、尽职，全心全意地搞好本职工作。在广信军任上，李格非还有一件不同凡响的事迹。当时有一个道士替人占卜祸福，偶尔有应验之时，于是身价百倍，出门必乘车，到处迷惑村俗之人来骗取钱财。有一次李格非路遇此道人,怒令随从将道士从车中捉来，揭穿了其诡计，用棍棒狠狠地打了他的屁股后，将其驱逐出广信府境。这是一件多么大快人心的事，它对于小清照坚持正义、嫉恶如仇性格的养成，有不可低估的作用。李格非是个博学多才、廉洁奉公、疾恶如仇的之人，李清照从其"位下名高"的父亲身上，所继承的正是这类极不寻常的精神财富。

父母的品行之于子女，具有深刻的影响。如果说李王氏对女儿的影响，尚偏重于胎教、先天遗传等因素，那么李格非对女儿来说，既是父亲又是伯乐。尽管李清照之于其父，在许多方面已是青出于蓝而胜于蓝，但最初她是从继承父业起步的。李清照的思想品格多有与众不同的独到之处，换言之，她具备了自己特有的思想库，这就是父亲李格非和他的见解新颖的大量著作。李格非尝著有《济北集》《李格非集》《礼记精义》等等，李清照的青少年时代这些应当都是她的案头常置之书。当然就李清照的家学渊源而言，作为名副其实的思想家，李清照不仅没有被家学所局限，在许多方面她还大大地超越和发展了家学。对此，清人陈景云曰："(李易安)其文淋漓曲折，笔墨不减乃翁。"

在父母的影响下，聪颖灵秀、勤奋上进的李清照大量阅读前人的诗词，创作出那么多脍炙人口的佳作；熟读经史百家，对历史上及当朝名人，她都有清醒的认识和大胆而中肯的评价；深谙伦理道德之学并以之律己，得到"端庄其品"的称誉。所有这一切不仅玉成了李清照才学的横溢，更促成了其思想及行事的不同凡响。

考试链接

比较阅读李清照的两首词，完成下面问题。

如梦令

常记溪亭日暮，沉醉不知归路。兴尽晚回舟，误入藕花深处。争渡，争渡，惊起一滩鸥鹭。

武陵春

风住尘香花已尽，日晚倦梳头。物是人非事事休，欲语泪先流。

闻说双溪春尚好，也拟泛轻舟。只恐双溪舴艋舟，载不动许多愁。

1. 请品味《如梦令》“惊起一滩鸥鹭”一句中“惊”字的妙处。

2. 这两首词分别是词人南渡前后的作品，它们在情感上有何不同？

编注者：王君莉

【参考答案】

1. “惊”字既暗写出了船行之快，又生动地写出停栖在小洲上的鸥鹭被吓得惊慌失措的情态。
2. 前一首：愉悦、欢快、热爱生活；后一首：悲伤、愁苦、孤单寂寞。

[明] 唐寅《观梅图》

扫一扫，听朗读

卜算子·咏梅[1]

[宋] 陆游

驿外[2]断桥[3]边，寂寞[4]开无主[5]。已是黄昏独自愁，更[6]著[7]风和雨。

无意苦[8]争春[9]，一任[10]群芳[11]妒[12]。零落[13]成泥碾[14]作尘[15]，只有香如故[16]。

注释

①卜算子：词牌名，又名《百尺楼》《眉峰碧》《楚天遥》，双调四十四字，上下片各两仄韵。咏梅，是这首词的题目。

②驿（yì）外：指荒僻、冷清之地。驿，驿站，供驿马或官吏中途休息的专用建筑。

③断桥：残破的桥。一说“断”通“簖”，簖桥乃是古时为拦河捕鱼蟹而设簖之处所建之桥。

④寂寞：孤单冷清

⑤无主：自生自灭，无人照管和玩赏。

⑥更：又，再。

⑦著（zhuó）：遭受。

⑧苦：尽力，竭力。

⑨争春：与百花争奇斗艳。

⑩一任：全任，完全听凭。

⑪群芳：群花，这里借指苟且偷安的主和派。

⑫妒（dù）：嫉妒。

⑬零落：凋谢

⑭碾（niǎn）：轧烂，压碎。

⑮作尘：化作灰土。

⑯香如故：香气依旧存在。故，指花开时。

古词今读

在驿馆外面的断桥边，梅花自开自落，显得尤其寂寞，无人理睬。暮色降临，她无依无靠，已经够愁苦了，却又遭到了一阵凄风苦雨的摧残。

梅花并不想费尽心思去与百花争奇斗艳，对百花的妒忌与排斥毫不在乎。即使凋零了，被碾作泥土，又化作尘土了，她依然和往常一样散发出缕缕清香。

赏析要点

这是一首咏梅词，上片集中写了梅花的困难处境，下片写梅花的灵魂及生死观。词人以物喻人，托物言志，以清新的情调写出了傲然不屈的梅花，暗喻了自己虽终生坎坷却坚贞不屈，达到了物我融一的境界。

“驿外断桥边，寂寞开无主”：此句主要是写梅花的生长环境。梅花长在郊野的驿站外面，破败不堪的“断桥”旁，自然是人迹罕至、寂寥荒寒，梅花也就备受冷落，但她独自走完自己的生命历程。一切景语皆情语，野梅的遭遇正是作者以往人生的写照，我们从梅花的生长遭遇中也感受到作者在自己的坎坷人生中表现出来的顽强、倔强的性格。

“已是黄昏独自愁，更著风和雨”：“已是黄昏独自愁”是拟人手法，日暮黄昏，暮色朦胧，这孑然一身、无人过问的梅花，何以承受这种凄凉呢？她只有“愁”，而且是“独自愁”，这几个字与上句的“寂寞”正好呼应。而偏偏在此时，又刮起了风，下起了雨。“更著”一词力重千钧，写出了梅花的艰难处境。这里的景物描写让我们感受到作者的特定环境下的心绪——愁，也让读者逐渐踏入作者的心境。

“无意苦争春，一任群芳妒”：梅花，她开得最早，是她迎来了春天，但她却“无意苦争春”。春天，百花齐放，争奇斗妍，而梅花却不去“苦争春”，只愿做一个报春的使者，可见她的赤诚之心。“苦”者，拼命、尽力也，从侧面讽刺了那些群芳们。梅花即使在群芳有了妒心，还是任由他们去嫉妒。这里，作者把写物与写人完全交织在一起了，暗含了作者的不幸遭遇，揭露了苟且偷安的那些人的无耻，表现了陆游性格的孤高，决不与争宠邀媚、阿谀逢迎之徒为伍的品格和不畏馋毁、坚贞自守的崚崚傲骨。

“零落成泥碾作尘，只有香如故”：前一句是承上片写梅的寂寞无主、黄昏日落、风雨交侵等凄惨处境，体现了梅花的四层遭遇：“零落”，是指梅花不堪骤雨狂风的摧残，纷纷凋落了，这是第一层。“成泥”，是指落花坠地，与泥水混杂，辨不清是泥还是水了，这是第二层。“碾”字，显示出摧残者的无情，被摧残者所遭受的痛苦之大，这是第三层。“作尘”，是结果，梅花被摧残、被践踏而化作了尘土，何等的凄惨啊！这是第四层。但作者这样写，绝不是为了引起人们的同情，而是为下句铺垫、蓄势。末句是全词的扛鼎之句，它把前面梅花的一切不幸都抛到了九霄云外去了，梅花永远如故，永远保持她那独有香味。作者对梅花赞颂之中，显示了自己身处逆境而矢志不渝的崇高品格。

陆游巧借饱受摧残的梅花，比喻自己，托物言志，给我们留下了深刻的印象，激励着一代又一代人，是一首咏梅的杰作。

作者掠影

陆游（1125～1210），南宋爱国诗人、词人。字务观，号放翁，越州山阴（今浙江绍兴）人。少时受家庭爱国思想熏陶，高宗时应礼部试，为秦桧所黜。孝宗时赐进士出身。中年入蜀，投身军旅生活，官至宝章阁待制。晚年退居家乡，但收复中原信念始终不渝。他具有多方面文学才能，尤以诗的成就为最，在生前即有“小李白”之称，不仅成为南宋一代诗坛领袖，而且在中国文学史上享有崇高地位，存诗 9300 多首，是文学史上存诗最多的诗人，内容极为丰富，抒发政治抱负，反映人民疾苦，风格雄浑豪放；抒写日常生活，也多清新之作。词作量不如诗篇巨大，但和诗同样贯穿了气吞残虏的爱国主义精神。有《剑南诗稿》《渭南文集》《南唐书》《老学庵笔记》《放翁词》《渭南词》等数十个文集传世。

延伸阅读

毛泽东的《卜算子·咏梅》和陆游的《卜算子·咏梅》的异同

同为写梅花的词，但由于诗文视角不同、立意不同，作者的经历不同，所以表现出的形象、表达的情感、反映的价值观等有它们的异同。

卜算子·咏梅

毛泽东

风雨送春归，飞雪迎春到。已是悬崖百丈冰，犹有花枝俏。

俏也不争春，只把春来报。待到山花烂漫时，她在丛中笑。

两首词的相同点有：1. 都表现了梅花不畏严寒、不与群芳争春的特点；2. 都赞颂梅花的高尚品格；3. 词人都以梅花自比。

毛泽东的词是针对陆游的词反其意而用之，所以两首词又表现出它们的不同点：1. 两者形象不同：毛泽东的词表现出的是傲寒俊俏、积极乐观的形象。陆游的词表现出是寂寞凄凉、饱受摧残的形象。2. 两首词的基调不同：毛泽东词是积极乐观、充满信心。陆游的词是低沉孤高。3. 两首词的主旨也不同：毛泽东的词通过对梅花形象的描写，寄寓了中华民族和中国共产党人的革命乐观主义精神和战胜一切敌人和困难的决心和信心；陆游的词托梅花的坚贞，寄寓了词人报国无门但决不与争宠献媚，阿谀逢迎之徒为伍的品格和面对排挤打击宁折不屈、坚贞自守的节操，字里行间也流露了封建士大夫幽怨感伤、自视清高的情绪。

考试链接

1. 词的上半阕运用了哪些意象来描绘梅花生长的境况？

2. “已是黄昏独自愁”一句运用了什么修辞手法？“零落成泥碾作尘”中的“碾”字有何表达效果？

3. 词人托物言志，借助梅花含蓄地表达了自己怎样的品质？

编注者：臧广全

【参考答案】

1. 驿站、断桥、黄昏、风雨。
2. 拟人；“碾”原指将东西压碎、压平，这里指梅花落地之后与泥土混合之后的情景，表现出摧残者的无情，被摧残者承受的压力之大，描绘出梅花悲惨至极的图景。
3. 性格孤高，绝不与逢迎之徒为伍的品格和不畏馋毁，坚贞自守的傲骨。

[清] 禹之鼎 《蚕尾山图》

渔家傲[1]

［宋］李清照

扫一扫，听朗读

天接云涛[2]连晓雾，星河欲转[3]千帆舞。仿佛梦魂归帝所[4]。闻天语，殷勤[5]问我归何处。

我报[6]路长嗟[7]日暮，学诗谩[8]有惊人句。九万里风鹏正举[9]。风休住，蓬舟[10]吹取三山[11]去！

注释

①渔家傲：词牌名，选自《李清照集笺注》卷一（上海古籍出版社 2002 年版）。

②云涛：如波涛翻滚的云。这里指海涛。

③星河欲转：银河流转，指天快亮了。星河，银河。

④帝所：天帝居住的地方。

⑤殷勤：情意恳切。

⑥报：回答。

⑦嗟：叹息，慨叹。

⑧谩：同“漫”，空，徒然。

⑨九万里风鹏正举：（我要）像大鹏鸟那样乘风高飞。举，高飞。《庄子·逍遥游》“鹏之徙于南冥也，水击三千里，抟扶摇而上者九万里。”

⑩蓬舟：如飞蓬般轻快的船。

⑪三山：神话中的蓬莱、方丈、瀛洲三座海上仙山。

古词今读

水天相接，晨雾蒙蒙笼云涛。银河欲转，千帆如梭逐浪飘。梦魂仿佛回天庭，天帝传话善相邀。恳切问：归宿何处请相告。

我回答说：路途漫长啊，又慨叹日暮时不早。学作诗，空有妙句人称道。长空九万里，大鹏冲天飞正高。风啊！千万别停息，将我这一叶轻舟，直接送往蓬莱三岛去。

赏析要点

这首词气势磅礴、音调豪迈，是婉约派词宗李清照的另类作品，充满了浪漫幻想的气息。李清照南渡后不久，丈夫赵明诚病死。国破家亡兼夫死，使她生活上和精神上受到很大的打击，从此，她只身漂泊，孤单寂寞地处于“路长嗟日暮”的困境之中。但她是一个性格爽直、柔中有刚、不愿受现实生活束缚的人，她在诗词中幻想出一条能使精神有所寄托的道路，以求摆脱人间那前路茫茫、看不到任何希望的境况。于是梦跨云雾，渡天河，归帝宫，乘万里风到仙山去。这样豪迈的气概，不凡的壮举，就使这首词显示出浪漫的情调，豪放的风格，和她的其他词作风格迥然不同。

“天接云涛连晓雾，星河欲转千帆舞。”：词一开头，便展现一幅辽阔、壮美的海天一色图卷。“接”“连”二字把四垂的天幕、汹涌的波涛、弥漫的云雾，自然地组合在一起，形成一种浑茫无际的境界。而“转”“舞”两字，则将词人在风浪颠簸中的感受，逼真地传递给读者。所谓“星河欲转 ”，是写词人从颠簸的船舱中仰望天空，天上的银河似乎在转动一般。“千帆舞”，则写海上刮起了大风，无数的舟船在风浪中飞舞前进。天上云海茫茫，那一团团的白云相接，就像奔涌的波涛，又和拂晓的晨雾连在一起，越发显得迷蒙。透过云雾远远望去，那天河好像也在流转，河中似乎漂浮着许多船，风帆舞动随云涛起伏。这是写梦中所见的景象，但这一幻想无疑是诗人在人生道路上历尽艰难险阻、流徙奔波之苦的潜意识表现。

“仿佛梦魂归帝所。闻天语，殷勤问我归何处。”：这三句写词人在梦中见到天帝。“归”字和苏轼《水调歌头》中“我欲乘风归去”之“归”字意义相同。古代诗人往往设想自己是从天上宫阙来的，经历了千辛万苦后又回到天帝身旁。这大概是她经历了人生道路的流徙奔波之苦后，希望得到一个美好归宿的潜意识促成的吧。她不仅回到了“帝所”，还听到态度温和、关心民生的天帝殷勤地垂问，多少心愿，终于得到了诉说的机会。于是自然引出下阕。

“我报路长嗟日暮，学诗谩有惊人句。”：前一句回答天帝：我所走的路很漫长，天色却已黄昏，前程遥远，难以到达。一个“嗟”字，生动地传达出作者对日暮途远的叹息。下句说我学习作诗，空自写出惊人的诗句，又有什么用呢？“谩有”，是“空有”或“徒有”的意思。这一句含有两层意思：一是慨叹自己有才而不能为世用，有怀才不遇之感；二是社会动乱，诗词文章无用。只一句有怨嗟，有感慨。现实如此，诗人只有把希望寄托于虚幻的想象。

“九万里风鹏正举。风休住，蓬舟吹取三山去！”：看，大风刮起来了，那搏击长空的大鹏正乘着风振翅高飞。作者希望自己也像大鹏一样高飞远走。她大声疾呼：大风啊，不停地吹吧，把我的小船吹到海外仙山去吧！能过上那自由自在的生活。“九万里风”句，出自《庄子·逍遥游》：“鹏之背，不知其几千里也。怒而飞，其翼若垂天之云。……鹏之徙于南冥也，水击三千里，抟扶摇而上者九万里。”“九”是虚数，是多的意思。这一句，表示了作者有大鹏高飞之志。“蓬舟”，像蓬草那样飞旋轻快的小舟。“三山”，指传说中的蓬莱、方丈、瀛洲三个神山。为神仙所居，在渤海中。这反映了作者对现实的厌弃和对美好境界的追求。

作者掠影

李清照（1084～1155），宋代女词人，号易安居士。婉约词派代表，有“千古第一才女”之称。所作词，前期多写其悠闲生活，后期多悲叹身世，情调感伤。形式上善用白描手法，自辟途径，语言清丽。论词强调协律，崇尚典雅，提出词“别是一家”之说，反对以作诗文之法作词。代表作有《一剪梅》《声声慢》《醉花阴》。留有《漱玉词》辑本和《李清照集校注》。

延伸阅读

婉约大家的豪放情怀

李清照是婉约派大家，王士祯《花草蒙拾》说：“婉约以易安为宗”李清照在《词论》中也指出：“词别是一家”，她强调词一定是婉约的，声调一定是和谐的。李清照用一生的精力来书写女性敏感柔弱的内心世界，用清丽婉约的词句来表现个人的伤春悲秋 、离愁别绪，发出了一声声感人心弦的浅吟低唱。但她的创作又突破了自己的主张，她的词作中不仅有描写小儿女缠缠绵绵，凄凄惨惨戚戚情怀的，也有用慷慨激昂的词句来抒写自己的抱负，表现自己的政治主张的。可见，这位婉约大家也不乏豪放情怀。

宽松的家庭环境为李清照的豪放情怀打下了坚实的基础。李清照的父亲李格非“博雅能文”，不轻视女性或束缚女性，为李清照的成长提供了一个宽松、开放、自由的环境。李清照早期的词作《点绛唇·蹴罢秋千》很好地反映了她少女时期的天真、活泼和大胆；《如梦令·常记溪亭日暮》表现了她身上的男儿豪放洒脱之气。

经国济世的儒家思想为李清照的豪放情怀带来了深远的影响。中国古代的读书人，历来信奉“学而优则仕”，把出将入相当作读书人最高的理想，都希望自己能“修身、齐家、治国、平天下”。李清照虽是女儿之身，却常怀男儿之志，加上饱读诗书，自然受到了中国传统文化的影响。但是在男权占绝对统治地位的封建社会，作为一位闺中女子，这样的理想永远无法实现，李清照就只能把这种豪情寄寓在自己的作品之中。例如《渔家傲·天接云涛连晓雾 》，词人把真实的生活感受融入梦境，把屈原《离骚》、庄子《逍遥游》以至神话传说融入诗句之中，使梦幻与生活、历史与现实融为一体，构成气度恢宏、格调雄奇的意境，充分显示了作者性情中豪放不羁的一面。

身处乱世为李清照的豪放情怀搭建了历史使命感的平台。北宋末年政治腐败君王昏庸，北方强敌长驱直入，大部分国土沦丧。李清照为了躲避战火，不得不背井离乡举家南渡。一路上她目睹了民不聊生、盗贼四起、战火不断的惨痛现实，一股深沉的民族忧患意识油然而生。她的《浯溪中兴颂诗和张文潜二首》深刻分析了唐朝发生安史之乱和军队无能的原因，借古喻今，表现了对北宋末年朝政的担忧，显示出了她独到的历史眼光和深切的现实忧患意识。李清照的诗歌《夏日绝句》更是忧愤之作。诗道：“生当作人杰，死亦为鬼雄。至今思项羽，不肯过江东。”在这首诗中，李清照热情地赞美了楚汉之争中失败的项羽。

李清照不囿闺阁，以其非凡的才华、豪放的情怀、卓越的见识引得人们刮目相看，甚至心悦诚服。

考试链接

1. 下列句子诵读节奏划分正确的一项是(　　)

A. 我报/路长/嗟/日暮，学诗/谩有/惊人句。

B. 天接云涛连/晓/雾，星河欲转/千/帆舞

C. 闻/天语，殷勤问/我归何处

D. 风休/住，蓬舟/吹取/三山去！

2. 作者在开篇写天、云、雾、星河、千帆等许多物象，景象极其壮丽，试用自己的语言描绘“天接云涛连晓雾，星河欲转千帆舞”的画面。

3. “我报路长嗟日暮，学诗谩有惊人句”中“嗟”“谩”二字值得品味，请简析这二字所蕴含的思想感情。

编注者：黄　莉

【参考答案】

1. A　题目的要求是赏析正确的一项，万不可理解成有误的一项。B 项“晓雾”和“千帆”是联系紧密的合成词，不能读断。C 项“归何处”是“问我”的内容，应在“我”后断句。D 项“风休住”主谓间应停顿，所以应在“风”后断句。
2. 天上云海茫茫，那一团团的白云相接，就像奔涌的波涛，又和拂晓的晨雾连在一起，越发显得迷蒙。透过云雾远远望去，那天河好像也在流转，河中似乎漂浮着许多船，风帆舞动随云涛起伏。
3. “嗟”字生动地写出了词人彷徨忧虑的神态，表明自己在人生道路上日暮途远，茫然不知所措的叹惋。“谩”字流露出心中的哀怨惆怅：一是空有诗情诗才，因知音（丈夫）早逝，而无人能会意；二是慨叹自己身逢乱世，有着对现实无能为力的苦闷和怀才不遇的愤懑之情。

【元】 黄公望《溪山草阁》

相　见　欢

[宋] 朱敦儒

扫一扫，听朗读

金陵[①]城上西楼[②]，倚清秋[③]。万里夕阳垂地大江流。
中原乱[④]，簪缨[⑤]散，几时收[⑥]？试倩[⑦]悲风吹泪过扬州[⑧]。

注释

①金陵：南京。

②城上西楼：西门上的城楼。

③倚清秋：倚楼观看清秋时节的景色。

④中原乱：指 1127 年（宋钦宗靖康二年）金人侵占中原的大乱。

⑤簪（zān）缨：当时官僚贵族的冠饰，这里代指他们本人。

⑥收：收复国土。

⑦倩：请。

⑧扬州：地名，今属江苏，是当时南宋的前方，屡遭金兵破坏。

古词今读

南京城上西楼，倚楼观看清秋时节的景色。万里的长江在夕阳下流去。

1127 年（宋钦宗靖康二年）金人侵占中原，官僚们散了，什么时候收复国土？试请悲风吹泪过扬州。

赏析要点

古人登楼、登高，每多感慨。王粲登楼，怀念故土。杜甫登楼，感慨“万方多难”。许浑登咸阳城西楼有“一上高城万里愁”之叹。李商隐登安定城楼，有“欲回天地入扁舟”之感。尽管各个时代的诗人遭际不同，所感各异，然而登楼抒感则是一致的。

这首词一开始即写登楼所见。在词人眼前展开的是无边秋色，万里夕阳。秋天是冷落萧条的季节。当离乡背井、做客金陵的朱敦儒独自一人登上金陵城楼，纵目远眺，看到这一片萧条零落的秋景，悲秋之感不免油然而生。又值黄昏日暮之时，万里大地都笼罩在恹恹的夕阳中。“垂地”，说明正值日薄西山，余晖黯淡，大地很快就要被淹没在苍茫的暮色中了。这种景物描写带有很浓厚的主观色彩。朱敦儒就是带着浓厚的国亡家破的伤感情绪来看眼前景色的。他用象征手法使人很自然地联想到南宋的国事亦如词人眼前的暮景，也将无可挽回地走向没落、衰亡。作者的心情是沉重的。

下片忽由写景转到直言国事，似太突然。其实不然。上片既已用象征手法暗喻国事，则上下两片暗线关联，意脉不露，不是突然转折，而是自然衔接。“簪缨”，是指贵族官僚们的帽饰。簪用来联结头发和帽子；缨是帽带。此处代指贵族和士大夫。中原沦陷，北宋的世家贵族纷纷逃散。这是又一次的“衣冠南渡”。“几时收？”这是作者提出的一个无法回答的问题。这种“中原乱，簪缨散”的局面何时才能结束呢？表现了作者渴望早日恢复中原，还于旧都的强烈愿望，同时也是对朝廷苟安旦夕，不图恢复的愤慨和抗议。

结句“试倩悲风吹泪过扬州”。悲风，当然也是作者的主观感受。风，本身无所谓悲，而是词人主观心情上悲，感到风也是悲的了。风悲、景悲、人悲，不禁潸然泪下。这不只是悲秋之泪，更重要的是忧国之泪。作者要请悲风吹泪到扬州去，扬州是抗金的前线重镇、国防要地，这表现了词人对前线战事的关切。

全词由登楼入题，从写景到抒情，表现了词人强烈的亡国之痛和深厚的爱国精神，感人至深。

作者掠影

朱敦儒（1081～1159），宋代著名词人。字希真，洛阳人，又称伊水老人、洛川先生、少室山人，他常以梅花自喻，不与群芳争艳。靖康、建炎年间，隐居故乡，写就了许多描写洛阳自然山水和名胜风物的词作。朱敦儒获得“词俊”之名，与“诗俊”陈与义等并称为“洛中八俊”。

延伸阅读

在两宋词史上，能比较完整地表现出自我一生行藏出处、心态情感变化的，除朱敦儒之外，就只有后来的辛弃疾。苏轼作为新词风的开拓者，虽然扩大了词的表现功能，开拓了抒情自我化的方向，但他还没有将自我完整的人生历程和整个精神世界写进词中（另一半写在他的诗里），诗词的表现功能还有所区分——词多言情，诗多言志和叙事。李清照也恪守这种惯例。

朱敦儒则进一步发挥了词体抒情言志的功能，不仅用词来抒发自我的人生感受，而且以词表现社会现实，诗词的功能初步合一，从而给后来的辛派词人以更直接的启迪和影响。辛弃疾《念奴娇》词就明确说是“效朱希真体”，陆游年轻时曾受知于朱敦儒，为人与作词都受朱敦儒的熏陶，他的名作《卜算子·咏梅》即与朱敦儒的《卜算子》（古涧一枝梅）风神相似。

考试链接

1. 上片的景物描写营造出了怎样的意境，请分析。

2. 词的下片，抒情方式有什么特点？请作简要分析。

编注者：李　彬

【参考答案】

1. 上片写登楼所见的无边秋色、夕阳流水，营造出清冷萧条的意境，抒发了因山河残破而悲凉抑郁的心情。
2. 前面直抒胸臆，表达亡国之痛、收复中原的心志以及对朝廷的愤慨；后面用拟人的方法，请托“悲风”把泪吹过扬州去，含蓄深沉地表达了忧国忧民的情感。

[清] 高其佩 《设色指画杂画》册之《柳阴扁舟图》(指画)

采　桑　子

[宋] 欧阳修

扫一扫，听朗读

轻舟[1]短棹[2]西湖[3]好，绿水[4]逶迤[5]。芳草长堤，隐隐[6]笙歌[7]处处随。

无风水面琉璃[8]滑，不觉船移。微动涟漪[9]，惊起沙禽[10]掠岸飞。

注释

①轻舟：轻便的小船。

②短棹（zhào）：划船用的小桨。

③西湖：指颍州西湖。在今安徽省太和县东南，是颍水和其他河流汇合处，宋时属颍州。

④绿水：清澈的水。

⑤逶迤（wēi yí）：形容道路或河道弯曲而长。

⑥隐隐：隐约。

⑦笙歌：指歌唱时有笙管伴奏。

⑧琉璃：指玻璃，这里形容水面光滑。

⑨涟漪：水的波纹。

⑩沙禽：沙洲或沙滩上的水鸟。

古词今读

西湖风光好，驾轻舟划短桨多么逍遥。碧绿的湖水绵延不断，长堤上花草散出芳香。隐隐传来的音乐歌唱，像是随着船儿在湖上飘荡。

无风的水面，光滑得好似琉璃一样，不觉得船儿在前进，只见微微的细浪在船边荡漾。看，被船儿惊起的水鸟，正掠过湖岸在飞翔。

赏析要点

这组《采桑子》从不同侧面描写了“水深莫测，广袤相齐”的西湖美景，从中折射出欧阳修挂冠退隐后从容自适的闲雅心理。

这首词是《采桑子》组词中的一首。描写四季风景是欧阳修《采桑子》组词的重要内容。这首名列第一，写的是春色中的西湖，风景与心情，动感与静态，视觉与听觉，两两对应而结合，形成了一道流动中的风景。全词以轻松淡雅的笔调，描写泛舟颍州西湖时所见的美丽景色，以“轻舟”作为观察风景的基点，舟动景换，但心情的愉悦是一以贯之的。色调清丽，风格娟秀，充满诗情画意，读来清新可喜。

上阕主要写堤岸风景，笔调轻松而优雅。“西湖好”是一篇之眼，“短棹”二字已将休闲的意思委婉写出，因为是短棹，所以轻舟缓慢而悠闲地飘荡在湖面上，游人有足够的时间来观赏两岸春色。“绿水逶迤，芳草长堤”两句写足由湖心经水面到堤岸，再整体向远处推进的动态画面。而“隐隐笙歌处处随”一句又从听觉的角度将西湖的欢乐情调刻画了出来，“隐隐”和“处处”都凸显出轻舟的流动感。

下阕的视点收束，主要写“绿水逶迤”。过片写水面平滑，“无风”二字为枢机所在，盖正因无风，方使得西湖水面清澈而平滑，也方使得游人“不觉船移”，其间不仅有诗情，而且合乎逻辑。结尾写船动惊禽，划破了湖面的平静，为这一趟悠闲之旅平添了一个兴奋点。大概沙禽久已习惯于西湖的平滑，所以轻舟带来的小小涟漪，就足以惊起沙禽而掠岸飞过。视点也因此由近到远，再向高处延伸，将立体而富有动感的西湖呈现在读者面前。全词以轻舟的行进为线索，渐次写出堤岸和湖面的景物特征，并将游人之悠闲意趣融入其中，轻舟短棹、绿水芳草、游人笙歌与惊飞沙禽，“西湖好”在这一背景下得到了淋漓尽致的诠释。

全词描绘了春日的颍州西湖，景色是那样引人入胜，绿水蜿蜒曲折，长堤芳草青青，春风中隐隐传来柔和的笙歌声。水面波平如镜，不待风助，小船已在平滑的春波上移动。这首词如同一幅清丽活泼、空灵淡远的风景画，美不胜收，清新可爱，有很强的吸引力。

作者掠影

欧阳修（1007～1072），北宋文学家、史学家。字永叔，号醉翁，晚号六一居士。庐陵（今江西吉安）人。1030年（天圣八年）进士。官馆阁校勘，因直言论事贬知夷陵。庆历中任谏官，支持范仲淹，要求在政治上有所改良，被诬贬知滁州。官至翰林学士、枢密副使、参知政事。王安石推行新法时，对“青苗法”有所批评。谥文忠。

主张文章应明道、致用，对宋初以来靡丽、险怪的文风表示不满，并积极培养后进，欧阳修在中国文学史上有重要的地位。他大力倡导诗文革新运动，是北宋古文运动的领袖。散文大都内容充实，精炼流畅，叙事说理，娓娓动听，抒情写景，引人入胜，寓奇于平，诸如《醉翁亭记》《丰乐亭记》。抒情委婉，为“唐宋八大家”之一。

欧阳修也擅长写词，主要内容仍是恋情相思、酣饮醉歌、惜春、赏花之类，善于以清新疏淡的笔触写景。偏重抒情的词，写得婉曲缠绵，情深语近。此外，其诗语言流畅，亦有沉郁顿挫的佳作；词风深婉清丽，疏宕俊朗；曾与宋祁合修《新唐书》，并独撰《新五代史》。又喜收集金石文字，编为《集古录》，对宋代金石学颇有影响。

延伸阅读

创作背景及其他九首《采桑子》

1049年（宋仁宗皇祐元年），欧阳修移知颍州，“爱其民淳讼简而物产美，土厚水甘而风气和，于是慨然已有终焉之意也。迩来俯仰二十年间……思颍之念未尝少忘于心，而意之所存亦时时见于文字也”（《思颍诗后序》）。并与梅尧臣相约，买田于颍，以便日后退居。1067年（宋英宗治平四年），欧阳修出知亳州，特意绕道颍州，“盖将谋归休之计也。乃发旧稿，得自南京以后诗十余篇，皆思颍之作，以见予拳拳于颍者非一日也”（《思颍诗后序》）。数年后，终于以观文殿学士、太子少师致仕，得以如愿归居颍州。几次游览后，创作了《采桑子》十首。

附：《采桑子》其他九首

春深雨过西湖好，百卉争妍，蝶乱蜂喧，晴日催花暖欲然。兰桡画舸悠悠去，疑是神仙。返照波间，水阔风高飏管弦。（其二）

画船载酒西湖好，急管繁弦，玉盏催传，

稳泛平波任醉眠。行云却在行舟下，空水澄鲜，俯仰流连，疑是湖中别有天。（其三）

群芳过后西湖好，狼籍残红。飞絮濛濛，垂柳阑干尽日风。笙歌散尽游人去，始觉春空。垂下帘栊，双燕归来细雨中。（其四）

何人解赏西湖好？佳景无时，飞盖相追，贪向花间醉玉卮。谁知闲凭阑干处，芳草斜晖，水远烟微，一点沧洲白鹭飞。（其五）

清明上巳西湖好，满目繁华，争道谁家，绿柳朱轮走钿车。游人日暮相将去，醒醉喧哗，路转堤斜，直到城头总是花。（其六）

荷花开后西湖好，载酒来时，不用旌旗，前后红幢绿盖随。画船撑入花深处，香泛金卮，烟雨微微，一片笙歌醉里归。（其七）

天容水色西湖好，云物俱鲜，鸥鹭闲眠，应惯寻常听管弦。风清月白偏宜夜，一片琼田，谁羡骖鸾？人在舟中便是仙。（其八）

残霞夕照西湖好，花坞苹汀，十顷波平，野岸无人舟自横。西南月上浮云散，轩槛凉生，莲芰香清，水面风来酒面醒。（其九）

平生为爱西湖好，来拥朱轮，富贵浮云，俯仰流年二十春。归来恰似辽东鹤，城郭人民，触目皆新，谁识当年旧主人。（其十）

考试链接

1. 词的上阕第一句在整首词中的的作用是什么？上阕描写了一幅什么样的图景？

2. 词的下阕主要是用了哪种表现手法描写西湖春色的？抒发了诗人的什么感情？

编注者：林新杰

【参考答案】

1. 上阕第一句总摄全篇，点明题意，直抒赞美之情。上阕从视觉和听觉两方面描写了蜿蜒曲折的绿水、长满芳草的长堤、动听的乐声和歌声，描绘了西湖清丽、恬静、淡远的春景。
2. 下阕主要使用了动静结合的手法或以动衬静的手法。一、二句风平浪静，把水面比作明净平滑的琉璃，更以船的缓慢移动写出了“静”。三、四句写涟漪微起，惊动了沙洲上的水鸟，水鸟掠过堤岸飞去，写出了“动”，而西湖愈显其幽静。动静相衬，动静结合写出了西湖春色的多姿多彩。抒发了诗人流连山水的愉快心情。

【明】 徐贲 《峰下醉吟图》

卜算子·黄州定慧院[1]寓居作

［宋］苏轼

扫一扫，听朗读

缺月挂疏桐，漏[2]断人初静。谁见幽人[3]独往来，缥缈[4]孤鸿[5]影。

惊起却回头，有恨无人省[6]。拣尽寒枝不肯栖，寂寞沙洲[7]冷。

注释

①定慧院：一作定惠院，在今湖北省黄岗县东南。苏轼初贬黄州，寓居于此。

②漏：指更漏，古人计时用的漏壶。这里“漏断”即指深夜。

③幽人：幽居的人，形容孤雁。幽，《易·履卦》：“幽人贞吉”，其义为幽囚。引申为幽静、优雅。

④缥缈：隐隐约约，若有若无。

⑤孤鸿：孤单的鸿雁。

⑥省（xǐng）：理解，明白。

⑦沙洲：江河中由泥沙淤积而成的陆地。

古诗今读

弯弯的月亮挂在梧桐树梢，漏尽夜深人声已静。有时见到幽居人独自往来，仿佛那缥缈的孤雁身影。

突然惊起又回过头来，心有怨恨却无人知情。挑遍了寒枝也不肯栖息，甘愿在沙洲忍受寂寞凄冷。

赏析要点

宋神宗元丰三年（1080 年），苏轼因乌台诗案被贬黄州，任黄州团练副使。此词作于元丰六年，词人寓居定慧院，于一月夜，漫步院内，恰逢孤鸿，感物兴发，借孤鸿抒自己之怀抱。

词作上阕首两句：残月低斜，仿佛就挂在院子里稀稀疏疏的梧桐枝上，月光定也不如月圆时皎洁，而是昏暗隐约，此刻夜阑人静，漏壶的水早已滴光了，此两句渲染了凄清幽静的氛围。第三句“时见幽人独往来，缥缈孤鸿影”写“幽人”一词，出自《易・履卦》：“履道坦坦，幽人贞吉。”本指幽囚之人，这里引申为幽居之人。更何况作者被贬于此地，平生抱负不能施展，与囚羁之人又有何异？词人实已暗含一腔幽愤，只是尚未言明，借幽人一词寄寓，蓄势待发。谁看到我这“幽人“呢？恐怕只有孤鸿了，谁又瞥见孤鸿的影子呢？恐怕只有深夜未寐的“幽人”了。词人巧思，写出自己形单影只唯有孤鸿相伴，自己的重重心事只有孤鸿能知晓，找到了”幽人“与孤鸿的形象相似点与心灵契合点，使得三、四句由人引至孤鸿，密合无间，读来毫无突兀之感。

词作下阕专写“孤鸿“，实际孤鸿已经等同于“幽人”，在艺术上实现了物我同一，鸿即人，人即鸿，两种形象浑然一体。“惊起却回头，有恨无人省。” 写孤鸿惊起回头，心中“恨”无人能懂得，恰似词人一腔心事无人知，孤寂悲凉情感陡生。“拣尽寒枝不肯栖，寂寞沙洲冷。”孤鸿徘徊不定，在树枝间飞来飞去，但是却不肯拣一枝暂时栖息。词人运用了象征手法，孤鸿失群，幽人失志；孤鸿徘徊，作者踟蹰；孤鸿飞来飞去，不肯将就栖息于任何一根树枝，作者孤寂高洁，不愿随波逐流，二者形象相似叠合，作者移情于鸿，体现了高度的艺术技巧。

这首词历来为人称道，宋代黄庭坚《山谷题跋》卷二评东坡此词：“高妙，似非吃烟火食人语，非胸中有万卷书，笔下无一点尘俗气，孰能至此？”清代黄蓼园《蓼园词选》谓此词“语语双关，格奇而语隽，斯为超诣神品。”相隔千年，我们在阅读时也能通过阅读品味“高妙”“语隽”的词句，分析高超自然的艺术技巧，体会词人孤高超拔的心境。同时，苏轼在人生起起落落后，不改初心，坚持自我也是值得我们敬仰的品格。

作者掠影

苏轼（1037～1101），北宋文学家、书画家、美食家。字子瞻，号东坡居士。四川人。一生仕途坎坷，学识渊博，天资极高，诗文书画皆精。其文汪洋恣肆，明白畅达，与欧阳修并称欧苏，为“唐宋八大家”之一；诗清新豪健，善用夸张、比喻，艺术表现独具风格，与黄庭坚并称苏黄；词开豪放一派，对后世有巨大影响，与辛弃疾并称苏辛；书法擅长行书、楷书，能自创新意，用笔丰腴跌宕，有天真烂漫之趣，与黄庭坚、米芾、蔡襄并称宋四家；画学文同，论画主张神似，提倡“士人画”。著有《苏东坡全集》和《东坡乐府》等。

延伸阅读

清风明月苏东坡（节选）

林语堂

像苏东坡这样的人物，是人间不可无一难能有二的。对这种人的人品个性做解释，一般而论，总是徒劳无功的。在一个多才多艺、生活上多彩多姿的人身上，挑选出他若干使人敬爱的特点，倒是轻而易举。我们未尝不可说，苏东坡是个秉性难改的乐天派，是悲天悯人的道德家，是黎民百姓的好朋友，是散文作家，是新派的画家，是伟大的书法家，是酿酒的实验者，是工程师，是假道学的反对派，是瑜伽术的修炼者，是佛教徒，是士大夫，是皇帝的秘书，是饮酒成瘾者，是心肠慈悲的法官，是政治上的坚持己见者，是月下的漫步者，是诗人，是生性诙谐爱开玩笑的人。可是这些也许还不足以勾绘出苏东坡的全貌。我若说一提到苏东坡，在中国总会引起人亲切敬佩的微笑，也许这话最能概括苏东坡的一切了。

苏东坡的人品，具有一个多才多艺的天才的深厚、广博、诙谐，有高度的智力，有天真烂漫的赤子之心——正如耶稣所说具有蟒蛇的智慧，兼有鸽子的温柔敦厚，在苏东坡这些方面，其他诗人是不能望其项背的。这些品质之荟萃于一身，是天地间的凤毛麟角，不可数见的。而苏东坡正是此等人！他保持天真淳朴，终生不渝。政治上的钩心斗角与利害谋算，与他的人品是格格不入的；他的诗词文章，或一时即兴之作，或是有所不满时有感而发，都是自然流露，顺乎天性，刚猛激烈，正如他所说的“春鸟秋虫之声”；也未尝不可比做他的诗句：“猿吟鹤唤本无意，不知下有行人行。”他一直卷在政治漩涡之中，但是他却光风霁月，高高超越于蝇营狗苟的政治勾当之上。他不忮不求，随时随地吟诗作赋，批评臧否，纯然表达心之所感，至于会招致何等后果，与自己有何利害，则一概置之度外了。

因是之故，一直到今天，读者仍以阅读他的作品为乐，因为像他这一等人，总是关心世事，始终抗言直论，不稍隐讳的。他的作品之中，流露出他的本性，亦庄亦谐，生动而有力，莫不真笃而诚恳，完全发乎内心。他之写作，除去自得其乐外，别无理由，而今日吾人读其诗文，别无理由，只因为他写得那么美，那么遒健朴茂，那么字字自纯真的心肺间流出。

考试链接

1. 词的上阕通过描绘缺月、__________、__________等景物，渲染了_________的氛围。

2. 有人评价这首词“物我交融，含蕴深广”，请结合“拣尽寒枝不肯栖，寂寞沙洲冷。”一句作简要赏析。

编注者：张　薇

【参考答案】

1. 疏桐　孤鸿　凄清孤寂
2. “拣尽寒枝不肯栖，寂寞沙洲冷。”一句写孤鸿遭遇不幸，心怀幽恨，惊恐不已，在寒枝间飞来飞去，拣尽寒枝不肯栖息，只好落宿于寂寞荒冷的沙洲，度过这样寒冷的夜晚。表达了作者贬谪黄州时期的孤寂处境和高洁自许、不愿随波逐流的心境。

【清】弘仁 查士标《长松羽士图立幅》

丑奴儿[1]·书博山[2]道中壁

[宋] 辛弃疾

扫一扫，听朗读

少年[3]不识愁滋味，爱上层楼[4]。爱上层楼，为赋新词强[5]说愁。

而今识尽[6]愁滋味，欲说还休[7]。欲说还休，却道天凉好个秋。

注释

①丑奴儿：词牌名。

②博山：在今江西省上饶市，因状如庐山香炉峰，故名。淳熙八年（1181 年）辛弃疾罢职退居上饶，常过博山。

③少年：指年轻的时候。

④层楼：高楼。

⑤强（qiǎng）：勉强地，硬要。

⑥识尽：尝够，深深懂得。

⑦休：停止。

古词今读

人在年少时往往不知道忧愁的滋味，喜欢登高远望。喜欢登高远望，为写一首新词无愁而勉强说愁。

现在尝尽了忧愁的滋味，想说却说不出。想说却说不出，只好说道好个清凉的秋天呀！

赏析要点

这首词是作者带湖闲居时的作品。通篇言愁。通过“少年”与“而今”的对比，表现了作者受压抑、遭排挤、报国无路的痛苦，也是对南宋朝廷的讽刺与不满。

上片写少年登高望远，气壮如山，不识愁为何物。首句“少年不识愁滋味”是上片的中心句。那时正值青春年少，激情万丈但却心地单纯，对于人们口中所说的“愁”，没有切身的体会，因而无法理解，总是登高远望。词人连用两个“爱上层楼”，有力地带动下文的叙述。前一个“爱上层楼”补充说明首句，因为不知道何为“愁”，所以总爱登高望远；后一个“爱上层楼”又与下句构成因果关系，因为总是登高望远，所以“为赋新词强说愁”。正是这一重复，将上片四句串接起来，短短四句即说明了同一个完整的意思。

下片写而今历尽艰辛，“识尽愁滋味”。“而今”二字，转折有力，不仅显示时间跨度，也反映了不同的人生经历。在涉世既深又饱经忧患之余，就进入“识尽愁滋味”的阶段。所谓“识尽”，一是愁多，二是愁深。这些多而且深的愁，有的不能说，有的不便说，而且“识尽”却说不尽，说之亦复何益？只能“却道天凉好个秋”了。其实“却道”也是一种“强说”，故意说得轻松洒脱，实际上也是难以摆脱心头的沉重抑塞。

全词构思新巧，词人运用前后对比的手法，将昔日不知“愁”滋味与现在尝尽“愁”滋味相比较，突出了一个“愁”字，以此作为全词的线索，感情真挚而又平易浅近。浓愁淡写，重语轻说。寓激情于婉约之中，语浅意深，别具一种耐人寻味的情韵。

作者掠影

辛弃疾（1140～1207），宋代伟大词人，字幼安，号稼轩居士，山东历城人。青少年时代生活在金兵占领的北方地区，二十一岁时曾经参加抗金义军。归南宋后，两次上书朝廷，陈述抗金大计，非但未被采纳重用，反而遭到排挤贬斥。免职后，辛弃疾闲居在今江西上饶农村近二十年。晚年又重新被启用，任浙东安抚使，镇江知府。不久，又再次被免职，终于忧愤成疾而死。

他一生坚持抗金，但报国有心，请缨无路，一腔愤发之于词，成为豪放派最杰出的代表，与苏轼并称为“苏辛”。他共写有六百多首词，数量在宋人中首屈一指。而贯穿在他词中的基本思想，就是恢复中原、统一祖国，充满了战斗的激情与浪漫主义色彩。《破阵子·为陈同甫赋壮词以寄之》《永遇乐·京口北固亭怀古》《水龙吟·登建康赏心亭》《菩萨蛮·书江西造口壁》等均为名作。但部分作品也流露出抱负不能实现而产生的消极情绪。传世有《稼轩长短句》。

延伸阅读

辛弃疾的童年故事

南宋爱国词人辛弃疾的少年时代，是在国运衰颓、兵祸连绵的情况下度过的。他刚满十六岁，家乡济南就被金兵占领了。他目睹烽烟翻滚，山河破碎，仇恨的种子深深地埋藏在心间。

有一天，金人贵族中的一个中下级军官完颜千户耀武扬威地来到辛家，硬逼着辛弃疾的祖父辛赞用酒肉款待他。辛赞是个老实人，憋着一肚子气，勉强摆了一座酒席。骄横的完颜千户几杯酒下肚后，更加得意洋洋，竟当众侮辱起敬酒的小童来了。

这一来，年少气盛的辛弃疾再也忍不住了。他“嗖”地从墙上抽出一把宝剑，“噔、噔、噔”几步走到完颜千户面前，激昂地说：“趁诸位酒酣耳热，让我舞剑给大家开心助兴！”说罢，便挥剑起舞。只见他有时轻似燕子点水，有时重如泰山压顶。舞到兴头上，剑人合二为一，只有剑光闪闪，不知人在何处。正在这时，忽听辛弃疾猛喝一声：“看剑！”一个大鹏展翅，宝剑直指完颜千户的脑门。“啊！——”完颜千户吓得面如土色，“扑通”一声，连人带椅仰倒在地，桌子上的杯盘叮当落地，打得粉碎。辛弃疾急忙收剑做了个干净洒脱的收势，说了声“莽撞了！”从容地站立一旁。完颜千户惊魂未定，还呆呆地坐在地上。等到奴仆们赶忙上前扶起，他才不得不尴尬地说出话来：“舞得好，好厉害的英武少年！”

考试链接

1. 下列理解不正确的一项是（　　）

A. 上片写“少年”，下片写“而今”，用过去衬托现在。

B. 上片写“不识愁”，下片写“识尽愁”，体现作者情感变化。

C. 上片“爱上层楼”与下片“欲说还休”，在结构上彼此呼应。

D. 上片“为赋新词强说愁”，下片“却道天凉好个秋”，愁绪得以排解。

2. “为赋新词强说愁”，“而今识尽愁滋味”这两句中的“愁”的含义是否相同，为什么？

3. 对比是这首词的一大特色，请写出本词两对对比的内容。

编注者：汪慧玲

【参考答案】

1. D “而今识尽愁滋味”还是在写愁，这些多而且深的愁并未消解，只是有的不能说，有的不便说罢了，故D错误。
2. 本词的上下片里的“愁”的含义是不尽相同的。“强说”的是春花秋月无病呻吟的闲愁；下片说的是关怀国事、怀才不遇的哀愁。
3. 第一组：“少年”和“而今”对比；第二组：“强说愁”与“欲说还休”对比。第三组：“不识”与“识尽”对比。

［清］恽寿平 《五清图轴》

扫一扫，听朗读

生查子·元夕

[宋] 欧阳修

去年元夜[①]时，花市[②]灯如昼[③]。月上柳梢头，人约黄昏后。

今年元夜时，月与灯依旧。不见去年人，泪湿春衫[④]袖。

注释

①元夜：又称“元夕”，指农历正月十五夜，也称上元节。自唐代元夜张灯，故又称“灯节”。北宋时从十四到十六三天，开宵禁，游灯街花市，通宵歌舞，盛况空前，也是年轻人密约幽会、谈情说爱的好机会。

②花市：指元夜花灯照耀的灯市。

③灯如昼：灯火像白天一样。据宋代孟元老《东京梦华录》卷六《元宵》载：“正月十五日元宵，……灯山上彩，金碧相射，锦绣交辉。”由此可见当时元宵节的繁华景象。

④春衫：年少时穿的衣服，可指代年轻时的自己。

古词今读

去年元宵夜之时，花市上灯光明亮如同白昼。我与佳人相约在月上柳梢头之时、黄昏之后。我们两情相悦，互诉衷肠，畅谈未来，相约明年的今日再来相会。那圆圆明月就是我们相爱的见证。

今年元宵夜之时，明月依然挂在柳梢，月色依旧美好，灯市依旧灿烂如昼，我在人潮涌动中四处寻觅佳人，可是却寻不到佳人的任何踪迹，辛酸无奈的泪沾透了我的衣袖，惆怅的情弥漫了我的心际。

赏析要点

词的上片回忆从前幽会，充满希望与幸福，可见两情是何等欢洽。而周围的环境，无论是花、灯，还是月、柳，都成了爱的见证，美的表白，未来幸福的图景。情与景联系在一起，展现了美的意境。

但快乐的时光总是很快成为记忆。词的下片，笔锋一转，时光飞逝如电，转眼到了“今年元夜时”，把主人公的情思从回忆中拉了回来。“月与灯依旧”极其概括地交代了今天的环境。“依旧”两字又把人们的思绪引向上片的描写之中，月色依旧美好，灯市依旧灿烂如昼。环境依旧似去年，而人又如何呢？这是主人公主旨所在，也是他抒情的主体。词人于人潮涌动中无处寻觅佳人芳踪，心情沮丧，辛酸无奈之泪打湿了自己的衣襟。旧时天气旧时衣，佳人不见泪黯滴，怎能不伤感遗憾？上句“不见去年人”已有无限伤感隐含其中，末句再把这种伤感之情形象化、明朗化。

物是人非的怅惘，今昔对比的凄凉，由此美景也变为伤感之景，月与灯交织而就的花市夜景即由明亮化为暗淡。淡漠冷清的伤感弥漫于词的下片。灯、花、月、柳，在主人公眼里只不过是凄凉的化身、伤感的催化剂、相思的见证。而今佳人难觅，泪眼看花花亦悲，泪满衣袖。

世事难料，情难如愿。牵动人心的最是那凄怨、缠绵而又刻骨铭心的相思。谁不曾渴慕，谁不曾诚意追索，可无奈造化捉弄，阴差阳错，幸福的身影总是擦肩而过。旧时欢愉仍驻留心中，而痴心等候的那个人，今生却不再来。无可奈何花落去，但那只似曾相识的燕子呢？那曾有的爱情真是无比难测吗？如果真的这样，那些两情相悦、缠绵悱恻的美丽韶华难道是在岁月中流走的吗？谁也不曾料到啊，错过了一季竟错过了一生。山盟虽在，佳人无音，这是怎样的伤感遗憾，怎样的裂心之痛！

作者掠影

欧阳修（1007～1072），北宋文学家、史学家。字永叔，号醉翁、六一居士，吉州吉水（今属江西）人。天圣进士。官馆阁校勘，因直言论事贬知夷陵。庆历中任谏官，支持范仲淹，要求在政治上有所改良，被诬贬知滁州。官至翰林学士、枢密副使、参知政事。王安石推行新法时，对“青苗法”有所批评。谥文忠。主张文章应明道、致用，对宋初以来靡丽、险怪的文风表示不满，并积极培养后进，是北宋古文运动的领袖。散文说理畅达，抒情委婉，为“唐宋八大家”之一；诗风与其散文近似，语言流畅自然。其词婉丽，承袭南唐余风。曾与宋祁合修《新唐书》，并独撰《新五代史》。又喜收集金石文字，编为《集古录》，对宋代金石学颇有影响。有《欧阳文忠公集》。

延伸阅读

寓意

仍是那座小桥，仍是那弯柳树，我想象着你的模样，斜倚桥栏，不觉玉壶光转……

记得去年今日，我站在桥边等你……夜幕降临，东方升起一轮明月，映出杨柳绰约的倩影。像是从蟾宫飘下一位仙女，桥的那一端，你凌波微步，如约而来……

我们向来如此，你只有元宵之夜才能走出闺房，与我相会。没有人能够了解，我心中的急切与苦闷。但我仍然感谢上苍，让我遇到如花初绽的你。

街市上人来车往，鱼龙欢舞，但我都无心观赏，只是时时偷望你纯洁的眸子，宛如秋水盈盈。

一路上，我不停地显露才学。你似乎想起什么，却都欲言又止……

原以为你识书不多——去猜灯谜，当我闷头苦想，你竟能及时答出！这是怎样的一名女子呢！

穿过闹市，来一檐下，稍作休歇，我吟诗你听，你低眉浅笑，一抹红霞掠过你的脸颊。

时光流转，月上中天。听人召唤，你将要离开，忍顾小桥归路？我取出玉佩送你，你解下扇形香囊……

我问何时再相会，你仍答：来年元夜时！我想继续追问，你已匆匆消失在人群了。

一年的光景，总是如此的漫长。

天，知道我有多想你——春风微雨，梧桐花落，想你秋千影里；夏木阴阴，深院独步，漫吟别怀词曲；秋雨连江，孤棹天际，幽人伤心几许；冬风凄紧，沽酒独酌，梦里谁家儿女；清晨度雁，亭桥过客，流云沉寥来去；黄昏听得，卖花声近，有恨无人簪取……

终于挨到新年，我竟不敢露出半点喜色，生怕惹怒了哪位孤独的神灵，把你从我的视野中抢走。又是正月十五，我的心情越发忐忑，我在担心什么？我不敢多想。

早早来到约定的地点，默数远鸿归山，静候夕阳西下……

看那金刻花雕的车马、色彩各异的花灯——宛如去年时！不知今年的你，又是如何打扮，直教我望眼欲穿。

但不知怎的，几个时辰过去，小桥那端，始终望不到记忆中的身影！

我慌忙四顾，奔走相寻，可是，不见去年人——不见去年人！

你为何不守信约？此刻你人在何处？

我考得了功名，想来给你惊喜；我要询问你的家门，以择佳期提亲——我在等你！

我在等你——寻到去年的店铺，耳畔似有软语呢喃；花灯上映现出你的眉眼，盈盈泪水浸湿了我的衣袖……

我失神地游荡在熙来攘往的街巷……眼前的景物早已变得模糊，耳边的喧嚣似也变得淡远……

好几次，听得你唤我一声“公子”，蓦然回首，皆成如烟幻梦！

爱情，就像这夜空中的烟花，绽放的时候，好像拥有整个世界，而转瞬间又消失得无影无踪，抓不到一点痕迹，一切，犹如一场谎言……

其实，我不想，更不忍心责怪你——我怎么能责怪你呢？也许你被父母关在屋里，出不了门吧。

我真后悔，当时为什么没有向你表白一切，竟连你的住处也未曾询问清楚！

小河对岸有千家灯火，我可怜的心上人——你在哪里？

一片云遮住半边月脸。我的心，微微刺痛。忽而生出一种不祥的感觉：

难道我来晚了，你已搬离了这座小城吗？难道你迫于父母之命，嫁给他人为妻了吗？

或许，或许，在这世界的某个角落，望着今晚的圆月与满天的烟花，那边的你，也有着相同的忧伤吧！

风儿抚动依依杨柳；河中闪烁点点烛光；桥上来去双双伉俪……

这一晚，爱如烟花飘零；这一晚，人比烟花寂寞！

考试链接

题都城南庄

崔护

去年今日此门中，人面桃花相映红。
人面不知何处去，桃花依旧笑春风。

生查子·元夕

欧阳修

去年元夜时，花市灯如昼。月上柳梢头，人约黄昏后。

今年元夜时，月与灯依旧。不见去年人，泪湿春衫袖。

1. 简要分析这两首诗词最后一句的表达效果。

2. 不少评论者认为，《生查子·元夜》的创作受到了《题都城南庄》的启发，请结合具体诗句，说说所受启发体现在哪些方面？

编注者：马振霞

【参考答案】

1. "桃花依旧笑春风"间接抒情，情感表达得含蓄委婉；"笑"字以拟人手法生动地状写出桃花迎风怒放之态，反衬诗人感伤之情。"泪湿春衫袖"直抒胸臆，情感表达得率真充分；"湿"字形象地表达了旧情难续的沉重哀伤。

2. ①都包含着一前一后（一昔一今）两个相同的场景。崔诗是去年和今日，欧词是去年元夜和今年元夜；崔诗的场景是此门，欧词的场景是花市。

   ②整首诗或词都能选用一个具体意象作为贯串线索，崔诗以人面桃花为线索，欧词以花与灯为线索。

   ③都能通过今昔同时同地同景而人事不同的映衬对比，表达作者物是人非的感慨。崔诗慨叹人面不知何处去，欧词则感慨不见去年人。

［明］仇英《停琴听阮图轴》

西　江　月[1]

[宋] 张孝祥

扫一扫，听朗读

问讯[2]湖[3]边春色，重来又是三年。东风吹我过湖船[4]，杨柳丝丝[5]拂面[6]。

世路[7]如今已惯，此心到处悠然。寒光亭[6]下水如天，飞起沙鸥[8]一片。

注释

①西江月：词牌名。这首词原无题，南宋周密《绝妙好词》本增补为“丹阳湖”，而厉鹗笺注则作“题溧阳三塔寺”。

②问讯：问候。

③湖：指三塔湖。

④过湖船：驶过湖面的船。

⑤杨柳丝丝：形容杨柳新枝柔嫩如丝。

⑥拂面：轻轻地掠过面孔。

⑦世路：世俗生活的道路。

⑥寒光亭：亭名。在江苏省溧阳市西三塔寺内。

⑧沙鸥：沙洲上的鸥鸟。

古词今读

问候三塔湖的春色，你是那么的美丽，湖中水，岸上花，林间鸟，尽显无限春华。时光飞逝，转眼又是三年，今日来游，别有一番意蕴。我驾船驶过如镜的湖面，东风和悦，杨柳丝丝，拂面如纱，一切是那么的美好，似对我这位老友的欢迎。

感叹人生，世事沉浮，无论道路多么坎坷、曲折，我早已看惯，此情此景映我心，恬淡悠然。寒光亭下，碧波万顷，一望无际，水天一色，一群沙鸥，翩然飞翔，湖水映照天空，群鸥荡漾涟漪，多么美好的景色。

赏析要点

张孝祥是一位坚决主张抗金而两度遭谗落职的爱国志士，“忠愤气填膺”是他爱国词作的主调，这首词大约是绍兴三十二年（1162年）春，张孝祥自建康还宣城途经溧阳（今江苏省溧阳市）时所作。在屡经波折、阅尽世态之后，寄情山水、超逸脱尘。这首小令就是如此。上片以作者自己与风物的互相映衬，表达了重访三塔湖离岸登船之际的快意感受；下片则以世路与湖亭的强烈对比，抒发了置身寒光亭时的悠然心情。

“问讯湖边春色，重来又是三年。”直接描述自己时隔三年旧地重游的怀恋心境。“问讯”，表达出词人主动前来探望的殷切心情。“湖边”，点明远道而来，刚至湖岸，为下文乘船游湖作铺垫。“春色”，形容万紫千红的美好春景，乃下文“东风”“杨柳”之引笔。“重来”，说明是再次来此，“又是三年”，不仅突出相别的确切时间，而且暗示其间经历了人生的多少波折变幻；一个“又”字，内涵复杂，既包含了对时光流逝的叹惜，对历经坎坷的感慨，也包含了对湖边春色的怀恋，对再次来此的欣喜。

“东风吹我过湖船，杨柳丝丝拂面。”从客观风物欢迎自己的角度下笔，描画出上船离岸乘风过湖的情景。“东风”“杨柳”，都紧承“春色”发展而来。东风似乎有意，轻轻吹拂，送我渡过湖波；杨柳似乎含情，微微摆动，丝丝擦着我面。词人不说船乘风势，人触柳丝，而说风助船行，柳拂人面，正是注情于物的拟人写法，从而创造出一个物我合一、通体和谐的艺术境界。

“世路如今已惯，此心到处悠然。”该句暗承上片“过湖”，由描述转入议论，看似语意突兀，实是一脉相通。“世路”，是一条政治腐败、荆棘丛生的路，与眼前这东风怡人、杨柳含情的自然之路岂能相提并论。然而，词人说是“如今已惯”，这不仅表明他已历尽世俗道路的倾轧磨难，对权奸的打击、社会的黑暗已司空见惯，更暗寓着他已看透世事、唾弃尘俗的莫名悲哀和无比忧愤。因此，“此心到处悠然”，也就不仅在说自己的心境无论到哪儿总是悠闲安适，更包含着自己这颗备受折磨、无力回天的心，只能随遇而安、自寻解脱了。可谓语近旨远，沉郁至极，从而铸成凝聚全词主旨的警句。

“寒光亭下水如天，飞起沙鸥一片。”紧承“悠然”二字宕开一笔，着力描写来到湖中寒光亭时所见的自然美景。只见寒光亭下的湖水一碧万顷，犹如辽阔无际的蓝天；在这明丽如画的水天之间，一群沙鸥展翅飞起，自由翱翔。这一静一动、点面交映的画面，充满了蓬勃的生气，陶醉着词人的心胸。纯粹写景，以景结情，语淡意远，余味不尽，词人对于世路尘俗的鄙弃憎恶，对于返归自然的恬适愉快，尽在言外，从而成为全词意境旷远、余音绕梁的结笔。

作者掠影

张孝祥（1132～1169），南宋著名词人，书法家。字安国，号于湖居士，汉族，简州（今属四川）人，生于明州鄞县。善诗文，尤工词，其才思敏捷，词豪放爽朗。张孝祥与张元干一起号称南渡初期“词坛双璧”。其词上承苏轼，下开辛弃疾爱国词派的先河，是南宋词坛“豪放派”的代表人物之一，在词史上占有比较重要的地位。著有《于湖集》40卷、《于湖词》1卷。

延伸阅读

少年英伟

张孝祥自幼资质过人，被视为天才儿童，《宋史》称他“读书过一目不忘”，《宣城张氏信谱传》说他“幼敏悟，书再阅成诵，文章俊逸，顷刻千言，出人意表”。1147年，张孝祥十六岁，通过了乡试，走出了迈向仕途的第一步。十八岁，孝祥在建康从蔡清宇学，二十二岁时，“再举冠里选”。1154年，张孝祥二十三岁，参加廷试。高宗亲自将其擢为第一，居秦桧、孙秦埙之上，同榜中进士的有范成大、杨万里、虞允文。此次科举考试，本来掌握在秦桧手中，因为高宗干预，孝祥才能得中状元。高中状元一事，改变了他一生命运。

作为一个出身“荒凉寂寞”的年轻人，能在同时代文人中脱颖而出，必有不凡之处，归纳起来，一是才华卓绝，其次也有英迈的性格。可见他自少年时代起，便具潇洒倜傥的气质、英伟不羁的性格。

考试链接

1. 请用优美的语言描述“东风吹我过湖船，杨柳丝丝拂面”的美丽画面。

2. 这首词的中心句是哪句？表达了作者怎样的思想感情？

编注者：宋　伟

【参考答案】

1. 我驾船渡过如镜的湖面，东风似乎有意，轻轻吹拂，杨柳丝丝，似乎含情，微微摆动，拂面如纱，一切是那么的美好，似对我这位老友的欢迎。
2. “世路如今已惯，此心到处悠然。”该句暗承上片“过湖”，由描述转入议论，不仅表明了作者对官场世俗磨难、打击已司空见惯，更暗寓着他已看透世事，表现出心境的超凡脱俗、悠闲安适，随遇而安。

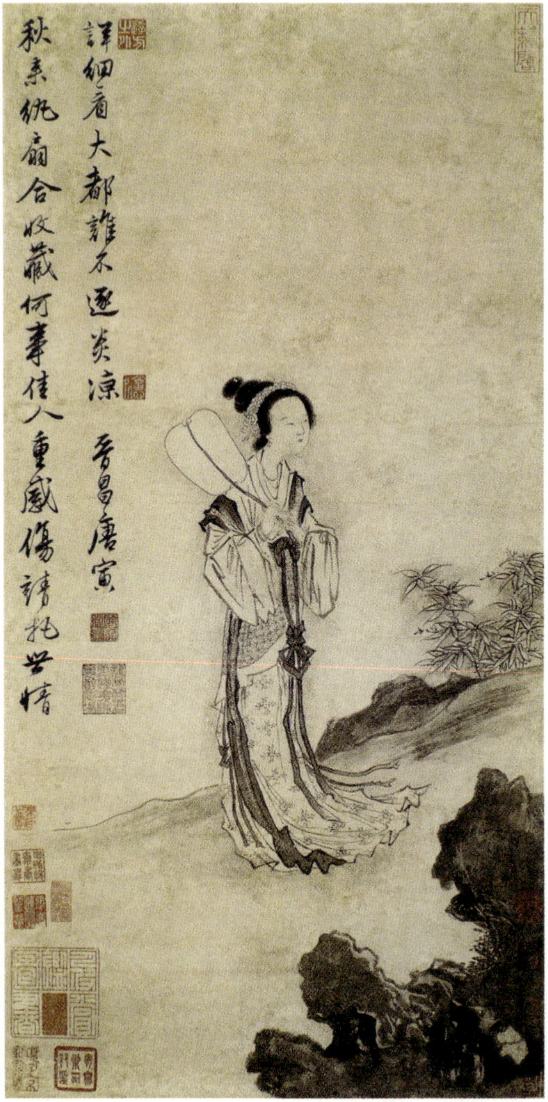

〔明〕 唐寅 《秋风纨扇图》

调 笑 令[①]

[唐] 王建

扫一扫，听朗读

团扇[②]，团扇，美人病来遮面。
玉颜憔悴三年，谁复商量管弦[③]。
弦管，弦管，春草昭阳[④]路断。

注释

①调笑令：词牌名。

②团扇：圆形的扇子，古代歌女在演唱时常用以遮面。

③管弦：用丝竹做的乐器，如琴、箫、笛。

④昭阳：昭阳殿，借指皇帝和宠妃享乐之地。

古词今读

团扇，团扇，宫中的美人病后用它来遮面。抱病三年，容颜憔悴，还有谁同她商量管弦？管弦，管弦，无情的春草把通往昭阳殿的道路阻断。

赏析要点

团扇是宫女们执在手中的道具、装饰之物，词中把这把团扇的遮面看作是美人憔悴的原因，实际是暗指宫廷中众女的百般无奈与心酸。如此情况，谁能听得幽幽管弦中那番春草相枯呢？

“团扇，团扇，美人病来遮面。”以咏扇起兴，同时绘出一幅妍妙的宫中仕女图。词起首写美人病来，自惭色减，以扇遮面，而纨扇与玉颜掩映，反有“因病致妍”之妙。如此写人，方为传神；如此咏物，方觉生动。

“玉颜憔悴三年，谁复商量管弦。”“玉颜憔悴”上应“美人病来”，却从咏物及人的外部动态过渡到写人物的命运和内心活动，转折中词意便深入一层。从下句的“复”字可会出，“三年”前美人曾有人与同“商量管弦”，以歌笑管领春风，而这一切已一去不复返。可见美人的“病”非常病，乃是命运打击所致，是由承恩到失宠的结果。“玉颜憔悴三年”，其中包含多少痛苦与辛酸。“谁复商量管弦！”将一腔幽怨通过感叹句表出。谁，有谁，也即“没有谁”。冷落三年之久，其为无人过问，言下自明，语意中状出一种黯然神伤、独自叹息的情态。

“弦管，弦管，春草昭阳路断。”点明宫怨之意。“昭阳路断”即“君恩”已断，不直言这是因为君王喜新厌旧所致，而托言是春草萋萋遮断通往昭阳之路，含怨于不怨，尤婉曲有味。这从昭阳殿那边隐约传来的歌吹之声，会勾起久已不复有人“商量管弦”的宫人多深的惆怅，是不言而喻的。于是，“团扇”的兴义立见，它暗用了班婕妤著名的《怨歌行》的全部诗意，即以“秋扇见弃”暗示“恩情中道绝”。则所谓“美人病来遮面”亦不仅是自惭形秽而已，其中颇含“且将畴扇共徘徊”（王昌龄《长信秋词》）的感慨，见物我同情。这又是首尾转应了。末句斩钉截铁，守望之情，跃然纸上，写尽了封建社会无数宫廷女子的悲惨命运。

作者掠影

王建（约 767～约 830），唐代诗人。字仲初，颍川（今河南省许昌市人）。他是张籍的挚友，而且身世也与张籍有相似之处。出身寒微，虽曾进士及第，却只做过几任小官，“四授官资元七品，再经婚娶尚单身”（《自伤》）。他也以乐府诗著称于世，写下了许多从不同侧面反映社会矛盾和民间疾苦的作品；风格上也和张籍有相似之处，善写七言歌行，绝少直发议论，语言通俗明快，凝练精悍，确有独到之处，所以世称“张王乐府”。现有中华书局出版的《王建诗集》。

王建写了大量的乐府，同情百姓疾苦，与张籍齐名。又写过宫词百首，在传统的宫怨之外，还广泛地描绘宫中风物，是研究唐代宫廷生活的重要材料。他写过一些小词，别具一格，《调笑令》，原题为“宫中调笑”，可见本是专门供君王开开玩笑的，王建却用来写宫中妇女的哀怨。

延伸阅读

哀婉凄美的“宫怨诗”

在中国封建社会,皇帝一人拥有配偶成百上千,所谓“三宫、六院、七十二妃”,“后宫佳丽三千人”。而有幸承皇恩得宠的宫女则少得可怜,绝大多数的宫女只能在深宫之中虚度光阴,发抒怨情:“雨露由来一点恩,争能遍布及千门?三千宫女燕脂面,几个春来无泪痕?”于是,便有了为数众多的宫怨诗。

“宫怨诗”大致可分为以下三类:

一、诗人替怨

如王昌龄《西宫春怨》《长信秋词》。《西宫春怨》云:“芙蓉不及美人妆,水殿风来珠翠香。却恨含情掩秋扇,空悬明月待君王。”

二、诗人观怨

如王建《宫词》:“往来旧院不堪修,教近宣徽别起楼。闻有美人新进入,六宫未见一时愁。”

三、宫女自怨

如玄宗天宝年间宫人《杏叶诗》云:“一叶题诗出禁城,谁人酬和独含情。自嗟不及波中叶,荡漾乘春取次行。”

考试链接

1. 下面对于诗词内容的理解有误的一项是　　（　　）

A.“团扇,团扇,美人病来遮面。”以咏扇起兴,同时绘出一幅妍妙的宫中仕女图。

B.“玉颜憔悴三年,谁复商量管弦!”“玉颜憔悴”上应“美人病来”,从咏物及人的外部动态过渡到写人物的命运和内心活动,

C.“谁复商量管弦!”将一腔幽怨通过感叹句表出。谁,有谁,也即“没有谁”。冷落三年之久,其为无人顾问,言下自明,语意中状出一种黯然神伤、独自叹息的情态。

D.“弦管,弦管,春草昭阳路断。”在阵阵的乐曲声中,望见春草萋萋,这位女子振作起来,重新看到了希望。

2. 请你赏析词中的名句“团扇,团扇,美人病来遮面。”

编注者：李　莉

【参考答案】

1. D
2. “团扇，团扇，美人病来遮面”以咏扇起兴，描绘出一幅妍妙的宫中仕女图。团扇，也叫宫扇。美丽的团扇是宫中美人的衬托。这体现出那个时代的审美观：西子捧心则为美。诗歌开首就写了一种病态的美人之态，自惭色减，以扇遮面，是纨扇与玉颜交互掩映，已达到一种“因病致妍”之效。如此写人，方见传神，如此咏物，方觉生动。作者借此表达了一种“红颜未老恩先断”的感慨，既是讲那宫中的美人，也是说落魄的自己。

编者的话

在悠悠几千年的历史长河里，中华古诗词是中华传统文化中最灿烂的篇章，熠熠生辉，光耀古今。古诗词不仅是中国人的精神基因，也是我们文化的筋骨，撑起了文化传承的半壁江山。为了贯彻中共中央、国务院关于加强中国传统文化传承教育的精神和教育部关于中小学语文教学中增加古诗文比重和素养的要求，我们编写了这套丛书。

编写一套适合新时代读者学习古诗词的丛书并不是一时心血来潮的冲动。我们志在发展一种新的学习载体和学习模式。我们的目标是既适合中小学生语文课后阅读拓展训练，也适合读者循序渐进的学习，既能通过纸质版阅读，也可通过移动端进行电子学习。为此，我们从学习者的生理心理发展与认知能力、学习者诗词鉴赏能力的进阶管理、语文课程标准与中高考备考要求、诗会与诗词竞赛等活动对古诗词素养的要求、在线学习与交流等多个维度上进行了立意，辅以古诗词中字音义的难度、篇幅的长短、理解难易度等方面的综合考虑，参考国际上语言类分层教学的成功模式，精心运筹，把丛书划分为十二个等级，编为十二个分册，也可以匹配基础教育的十二个年级。成书后，我们发现，这种学程进度管理和阅读分级也十分吻合王国维先生在《人间词话》中关于诗词的三个境界的宗旨。比如对词的样本的挑选，从十六字令、忆江南等小令到中调、长调，分段逐级编排。这套丛书，也是中国有规模的古诗词丛书分级阅读的首次尝试。

《中华最美古诗词 360 首》精选了 380 多首古诗词，时间跨度上起先秦下迄清末，吸取了近现代古诗词研究大家的学术成果和经典诗词选本的优点，力争把中国古典诗词领域最具代表性的作者及其经典作品选进来，重在发掘主流文化价值，畅咏家国情怀，赞美社会责任感，兼顾各种风格、诗品和类型，比如，山水田园、爱国思乡、边塞、羁旅、咏史、送别、闺怨等无所不包，从“明月松间照，清泉石上流”的山涧幽景到“忽如一夜春风来，千树万树梨花开”的边塞奇观，随着层级的递升，古诗词的内容越发丰富，一个个鲜活的诗词大家在不断走进读者的视野，一首首风格迥异的诗词，如画轴般徐徐展开。

本丛书虽然定位为一套普识性的诗词读本，但并不普通。本丛书汇聚三百多位一线名师的智慧和心血，不仅有详尽的注释、生动的古诗词今读，还有一线教师极具个性的解读、有趣的关联延伸阅读，更有为应对各类考试而准备的测试题目和部分可资参考的教学资料，高度匹配教学要求，吻合教学实际，是古诗词精读和深度学习的不二选择。

本丛书在诗词筛选与编注过程中得到了很多专家、学者的指导和帮助。中国阅读学研究会副秘书长刘立峰、《中国教师》杂志社田玉敏教授、光明日报《教育家》杂志社王俊文先生等人给予我们许多具体指导、论证和鼓励，在此我们表示衷心的谢忱；对参与本丛书编注的三百多位教师的辛苦付出与劳动表示衷心的感谢，对参与书稿审校的林新杰、尚荣荣等同志表示衷心的谢意，同时感谢刘权先生对本书的出版给予的大力支持。

把 380 多首古诗词的解读深化为 12 个读本，卷帙不小，耗时费力可想而知，疏漏和不足在所难免，诚请广大读者批评指正，并给我们提出宝贵意见和建议，以便再版时订正和优化，帮助我们不断改进和完善，不断提高本丛书的质量。延伸阅读等模块中有部分作品是教师推荐给学生的传统阅读名篇，雷同或错漏在所难免，在此深表歉意。我们与收入本书作品的作者进行了广泛联系，烦请未能联系上的作者联系我们，以便支付稿酬。

最后，需要特别指出的是，本丛书委托北京名狮教育科技公司加工制作了电子版，这也是传统出版物发展新一代电子辅助教材的有益尝试，十分符合国家关于大力发展新一代数字阅读的文件精神。购买了本丛书的读者，可以通过扫描书中的二维码在移动端免费听朗读、看诗词原文，但本书纸质版的定价中不包含电子版的制作成本支出，因此购买了纸质版的读者使用电子版时，除了听朗读、看原文及其注释免费外，阅读电子版的其他页面和模块需要另行付费，如有疑问，具体请与北京名狮教育科技公司联系。

联系方式：（010）88113200

本书编委会